LA
PAIX DES PEUPLES

ou

Essai d'une Confédération Internationale

par

Louis EICHNER

> L'immense majorité de l'espèce humaine
> a horreur de la guerre. Les idées essen-
> tiellement chrétiennes, de douceur, de jus-
> tice, de bonté, conquerront de plus en
> plus le monde.
>
> Ernest Naville

PARIS

LIBRAIRIE DES SCIENCES POLITIQUES ET SOCIALES

MARCEL RIVIÈRE

31, rue Jacob et 1, rue Saint-Benoît

1923

LA PAIX DES PEUPLES

LA PAIX DES PEUPLES

ou

Essai d'une Confédération internationale

par

Louis EICHNER

> *L'immense majorité de l'espèce humaine a horreur de la guerre. Les idées vraiment chrétiennes, de douceur, de justice, de bonté, conquièrent de plus en plus le monde.*
>
> Ernest RENAN.

PARIS

LIBRAIRIE DES SCIENCES POLITIQUES ET SOCIALES

MARCEL RIVIÈRE

31, rue Jacob et 1, rue Saint-Benoît

1922

PRÉFACE

En soumettant ce projet à l'opinion publique, nous avons toujours pensé que la paix universelle était du domaine des choses réalisables, que le développement du progrès scientifique et du progrès intellectuel, conduirait fatalement les peuples, à plus de tolérance entre eux, que la fin des disputes politiques, économiques et sociales serait l'œuvre des hommes de bonne volonté, que la paix du monde serait déjà assurée depuis de nombreuses années, si des systèmes fantaisistes connus sous le nom de fouriérisme, socialisme, collectivisme, communisme n'étaient pas venus décourager les plus saines initiatives, et aggraver le mal dans l'espoir de le combattre. Des expériences nouvelles nous démontrent journellement la véracité de ces faits, à chaque fois qu'il fût question de paix universelle, l'on vit des hommes qui se donnaient pour mission d'instruire le peuple dans ses droits et ses revendications, proclamer que la paix universelle, ne devait sortir que du triomphe d'une classe sur une autre classe. C'est donc ouvrir une guerre sans fin, au sein des États, proclamer ouvertement le droit à la révolution, autrement dit, étendre le désordre à la terre entière; voilà la doctrine que répand un parti qui se propose de constituer une Confédération internationale; le monde en serait-il plus heureux? Jetons les yeux un instant sur la Russie actuelle, peut-on rêver un régime plus démoniaque et plus stupide? Oui, me répondront les illuminés de la religion sans Dieu, nous voulons l'égalité des conditions, que chacun ait sa part égale de peine, qui répondra à sa part égale de bonheur; est-ce bien possible? Pour cela il faudrait que les hommes naissent égaux en force et en intelligence; qu'ils soient tous économes et ménagers de la part des biens qui nous seront répartis, que nous soyons tous assez courageux et assez scrupuleux pour accomplir la somme de travail qui nous sera imposée, assez raisonnables pour nous élever au-dessus de toute passion, assez désintéressés, et d'une grande vertu, encore sommes nous bien sûrs que la chance ne viendra pas favoriser quelques-uns de nous au détriment des autres. Il ne s'agit plus comme de bien entendu d'oppresser une classe aux dépens d'une autre, ou alors,

il n'y aurait pas de raison pour changer. La tyrannie n'a jamais été une forme de gouvernement durable, et elle a toujours tourné au détriment de ses oppresseurs, l'Histoire est là pour
nous l'enseigner. Mais si vous le voulez bien,
acceptons les yeux fermés toutes les conceptions
de Babœuf et de son École, si nous étions capables, nous terriens, d'un tel désintéressement,
nous ne ferions pas des hommes, mais des
dieux.

L'homme est né bon a dit J. J. Rousseau, la
société l'a perverti. Nous ne sommes pas de cet
avis! Nous voyons au contraire, que la vertu est
du domaine d'un petit nombre, que ceux qui
sont vertueux dans l'âge mûr ou dans la vieil-
lesse, étaient loin de posséder toutes les qualités
dans leur jeunesse; la vertu est comme la science,
comme les arts, elle demande une longue culture, une persévérance de tous les instants, une
observation constante de soi-même, beaucoup de
sacrifices, tout le monde n'est pas trempé pour
réussir, beaucoup abandonnent ou succombent
en route. Il ne faut donc se faire aucune illu-
sion, la vertu est individuelle et elle y restera
encore longtemps.

Certes, je proclame hautement que tout le
monde doit avoir un idéal de Vérité, de Justice,
de Bonté et que l'ensemble des lois qui contri-

buent au bonheur matériel et moral forme le
Droit ou la manifestation du génie dispensateur
de l'Ordre, qui imprime son exigence dans les
institutions politiques d'un peuple, suivant l'élévation de ses sentiments. C'est la délimitation
d'une frontière entre une mentalité équitable
qui rejette comme une chose impure tout ce qui
relève de la force, de la contrainte ou de la menace, c'est un charme qui captive sous des formes
différentes la plupart de tous les hommes qui se
doivent les uns les autres pour vivre en société;
si pour certains la justice n'est qu'un idéal d'ar-
tiste encore à l'état embrionnaire, elle souffle
dans les esprits pratiques, accompagnée d'une
force nécessaire, pour ordonner les hommes à
travers les mille obstacles qui s'élèvent entre eux,
dans le chemin que chacun poursuit, suivant ses
aspirations.

En demandant plus de justice, nous ne deman-
dons pas l'absolu. L'absolu qui est la perfection
n'existe nulle part sur la terre; il est en effet
facile d'imaginer des lois plus parfaites que
celles que nous avons proposées, mais ces lois ne
seront pas applicables, si la science des lois
naturelles de l'homme, n'a pas servi de guide à
celui qui les a proposées.

C'est pourquoi, dans cet essai, nous avons voulu
démontrer non pas un plan de théocratie mon-

diale, mais la possibilité de fixer dans une même œuvre, les lois du Décalogue avec celles de la nature; c'est que nous avons toujours pensé que cette loi, commune à tous les hommes, était la vraie loi internationale, et que l'on pouvait résolument confondre dans le même principe tout ce qui était bon et tout ce qui était juste, tout en restant en face de la nature humaine, telle qu'elle se présente sans artifice devant nous; aussi notre première pensée a-t-elle été de nous placer en dehors de tout esprit politique ou religieux, tout esprit de méthode ou de convention fantaisiste, en s'appuyant sur des vérités simples, les plus universellement approuvées par une longue expérience, admises sans discussion par la conscience des hommes, dans ce qu'elles ont de plus facile à vérifier et à démontrer par une longue observation des sciences positives.

Nous n'ignorons pas que malgré la longue référence qui proclame la vérité de ces lois naturelles, qui ont fait leur preuve depuis près de 4000 ans, nos principes ne seront approuvés, qu'autant que les hommes n'auront pas intérêt à les nier.

Nous n'avons pas voulu non plus, faire une dissertation, sur les principes religieux, et démontrer quels étaient les meilleurs, loin de là est notre pensée, nous avons voulu faire une œuvre d'union, et non une œuvre de critique ou de combat. Le Décalogue a été notre drapeau auquel nous conviions tous les peuples, à n'importe quelle religion, ou parti politique qu'ils appartiennent, à venir se rallier. Nous laissons donc aux prêtres de chacune des quatre grandes religions, le soin de démontrer la supériorité d'un dogme sur un autre dogme, dans le cas qui nous concerne, ce serait semer le désaccord et considérer notre travail comme perdu, si nous nous lancions dans cette voie

Ce n'est donc pas ici le moment, d'ouvrir l'ère des discussions religieuses, toujours prêtes à revenir d'actualité, elles ont fait couler trop de sang inutile, aussi, n'avons-nous été l'interprète d'aucune religion en particulier, que du reste nous respectons toutes. Nous serions trop heureux si nous avions l'approbation de tous les hommes impartiaux qui vivent dans les sentiments du droit et de l'honneur : notre ambition s'arrêtera là. Tant qu'aux grandes religions de l'Asie, elles ont dans leur livre sacré, des vérités tellement admirables, que nous nous garderons bien de prendre à parti des choses que nous ne pensons pas, nous nous sommes contentés d'en extraire les versets qui ont le plus de rapport avec les principes du Décalogue. Ces livres qui sont en même temps des livres religieux et des *codes, montrent par les emprunts que nous leur avons faits, que les principes de la loi de Moïse, sont universels.*

Quoi qu'il en soit, que les peuples soient disposés ou non à faire entre eux une paix universelle, ils devront se souvenir que seule, une Confédération internationale groupant sous ses auspices les grands principes qui ont servi de base aux Confédérations anglaise, américaine, suisse, allemande, brésilienne, peut seule garantir la paix entre les peuples, c'est-à-dire une Constitution au-dessus de la constitution des Etats, tenant dans ses mains les grands principes internationaux de justice du monopole d'émission, et de l'unification de la monnaie métallique, du règlement et de la garantie de la circulation fiduciaire, de la suppression des douanes entre les Etats confédérés, d'une répartition plus équitable du domaine colonial, d'une force armée commune à tous les peuples confédérés chargés de faire régner l'ordre de la paix, de l'assurance et de la surveillance de tous les services internationaux, enfin de la liquidation des litiges présents ou passés qui ont pu s'élever ou qui s'élèveront encore entre les Etats. Ici je ne peux résister à copier ce magnifique passage de Condorcet — l'Esprit humain — deuxième époque : (Les peuples sauront qu'ils

*ne peuvent devenir conquérants sans perdre leur
liberté, que les confédérations perpétuelles sont
le seul moyen de maintenir leur indépendance,
qu'ils doivent chercher la sûreté et non la puissance. Peu à peu, les préjugés commerciaux se
dissiperont, un faux intérêt mercantile perdra
l'affreux pouvoir d'ensanglanter la terre et de
ruiner les nations sous prétexte de les enrichir.
Comme les peuples se rapprocheront enfin dans
les principes de la politique et de la morale,
comme chacun d'eux, pour son propre avantage,
appellera les étrangers à un partage plus égal
des biens qu'il doit à la nature ou à son industrie, toutes les causes qui produisent, enveniment,
perpétuent les haines nationales s'évanouissent
peu à peu, et ne fourniront plus à la fureur
belliqueuse ni aliment ni prétexte).*

LA PAIX DES PEUPLES

PREMIÈRE PARTIE

LA GUERRE, SES CAUSES, SES PRÉTEXTES, SES CONSÉQUENCES

> *Nature a fait les hommes de mêmes formes et de mêmes moules afin qu'ils se reconnaissent comme compagnons et frères ; elle n'a pas envoyé ici-bas les plus forts et les plus avisés comme des brigands pour gourmander les plus faibles.*
> (DE LA BOÉTIE).

La guerre est aussi vieille que le monde, c'est le plus grand des fléaux, partout où il y eut des hommes il y eut des guerres, guerres de famille à famille, de tribu à tribu, de province à province, de peuple à peuple, de coalisation à coalisation. L'Histoire nous apprend que les méchants et les forts ont toujours opprimé les faibles. Au commencement, Caïn fort et brutal tue son frère Abel, faible et doux. Ce premier meurtre qui symbolise la guerre doit d'après quelques philosophes, se perpétuer et se perfectionner tant qu'il y aura deux hommes sur la terre.

C'est la théorie du droit de la force qui est exprimée dans toute la nature, du droit qu'ont les gros arbres d'étouffer les petits, les herbes envahissantes et vivaces de détruire les plus frêles, ou les bêtes de proie, de vivre et de se perpétuer aux dépens des animaux les plus faibles. Nous ne croyons pas que l'on puisse comparer l'homme à un animal de proie; ce serait, à notre avis, la dernière insulte à lui faire. Cependant, s'appuyant sur les principes de Darwin, certains moralistes n'hésitent pas à proclamer que la guerre est une nécessité terrible c'est certain, mais qu'elle est la base vitale et civilisatrice du genre humain : la guerre est l'élimination des peuples faibles qui doivent céder leur place à des peuples plus entreprenants. La disparition des peuplades américaines et australiennes sous l'effort des races anglo-saxonnes vient donner un appui à leur thèse. Voici quelques extraits de Darwin[1] sur lesquels se fondent généralement ces démonstrations.

1. Traduction de Mme Clémence Royer.

CHAPITRE III-IV. — (Chaque espèce ne vit qu'en raison d'un combat livré à quelque période de sa vie et dont il est sorti vainqueur et qu'une loi de destruction inévitable décime, soit les jeunes, soit les vieux, à chaque génération successive ou seulement à intervalles périodiques.

CHAPITRE IV-IX. — A mesure qu'une forme élue ou favorisée augmente en nombre, généralement les formes les moins favorisées décroissent et deviennent de plus en plus rares.

CHAPITRE X-X. — Les habitants de chaque période successive dans l'histoire du monde n'ont pu exister qu'à la condition de vaincre leurs prédécesseurs dans la bataille de la vie. Ils sont par ce fait et autant qu'il a été nécessaire à leur victoire, plus élevés dans l'échelle de la nature, et généralement d'une organisation plus spécifiée.

CHAPITRE X.-X. — Les formes anciennes ont été suppléées par des formes vivantes nouvelles et plus parfaites, produites en vertu des lois de variation et conservées pour sélection naturelle ou survivance du plus apte.

CHAPITRE XIV-VI. — C'est la loi de multiplication des espèces en raison géométrique qui a pour concurrence vitale la sélection naturelle d'où suivent la divergence des caractères et l'estimation des formes inférieures).

Il fallait arriver au xix° siècle pour que les principes de la force soient exprimés avec autant de clarté; Bismarck, pour justifier son oppression guerrière, lance sa fameuse formule : (La force prime le droit) et il ajoute autre part : (Un peuple a toujours raison, quand il a pour lui la force des baïonnettes). Ainsi la théorie de Darwin ne s'applique pas seulement aux êtres sans raison guidés par leur instinct de conservation. la sélection des espèces est une nécessité qui s'applique aux hommes et aux peuples comme aux animaux envahisseurs ou paresseux qui vivent aux dépens des autres espèces. L'homme reste donc, par ces démonstrations, au niveau des êtres sans morale et sans loi.

Si la guerre était une sélection des peuples, le peuple vainqueur aurait intérêt à détruire presque entièrement le peuple vaincu, or les guerres enregistrées par l'Histoire sont innombrables, et à part les deux exemples que nous avons donnés plus haut, nous ne connaissons pas de peuple que la guerre ait entièrement détruit. L'Histoire nous enseigne au contraire que les peuples vaincus, pour ne pas rester sous les humiliations de la défaite, profitent toujours de l'occasion la plus favorable pour prendre leur revanche. Donc, fatalement, une guerre amène toujours une autre guerre. Aussi les peuples vainqueurs doivent-ils garder soigneusement leurs frontières pour conserver leurs victoires. C'est sans doute ce qui inspira le mot célèbre de Caton (*Si vis pacem para bellum*). Et qui devrait se traduire : Si tu veux la paix, oppose toujours une force supérieure à tes adversaires. Tant que l'humanité se retranchera derrière cette maxime, tant que les peuples forgeront des glaives, il est certain qu'il y aura toujours des guerres. La nation armée force la nation voisine à employer les mêmes principes, les armements succèdent aux armements, tout un continent devient un vaste camp retranché, d'où naît le militarisme, qui est la maladie des peuples militaires, les charges absorbent les principales ressources budgétaires, les États succombent sous le poids des armements, d'où la guerre. L'on dit alors que les fusils partent tout seuls.

Les causes et les prétextes de guerre sont innombrables, aussi nombreux que la perversité des hommes est grande (l'homme est un loup pour l'homme) dit le proverbe latin, la vanité, la jalousie, la trahison, l'intrigue, l'ambition, la vengeance, les divergences d'opinions, empêcheront toujours les hommes de se considérer comme frères.

L'Histoire nous rapporte que dans les pays monarchiques, les causes de guerre sont dues à la rancune, à l'ambition ou au caprice personnel des princes qui disposent ordinairement du pouvoir absolu. La guerre est donc subordonnée au caractère, au tempérament, au bon vouloir du prince, c'est-à-dire à sa bonté, à sa douceur, à sa magnanimité ou à sa perversité, à sa vanité, à sa haine, à sa vengeance, ou à son ambition désordonnée ; mais souvent les vraies causes plus soigneusement cachées sont le résultat de ses fautes personnelles, de sa mauvaise gestion politique ; la guerre devient alors pour lui, une manière de distraire et d'éviter les complications intérieures qui le menacent.

Dans les républiques ou les oligarchies, le contrôle du peuple est plus assuré, les guerres sont beaucoup moins fréquentes et reflètent un aspect plus utilitaire ou plus moral (si toutefois l'on peut dire que la guerre soit morale), mais il ne faut pas oublier que ceux qui détiennent le pouvoir suprême, disposent de l'armée, que l'autorité que leur donne leur situation peut les entraîner dans de graves fautes personnelles et que, malgré l'irresponsabilité derrière laquelle ils s'abritent, leur imprévoyance ou leur arrogance peut conduire leur pays aux mêmes causes, aux mêmes conflits, aux mêmes ruines que les monarchies absolues.

Les prétextes, que nous ne devons pas confondre avec les causes, sont vraisemblablement toujours les mêmes, le vocabulaire en est relativement restreint, c'est à croire que les pouvoirs exécutifs des États qui les dictent, se les empruntent les uns les autres. Les intérêts mis en jeu reposent généralement sur l'inexécution des traités, la violation de la propriété, la protection des nationaux ou le maintien de l'équilibre général. En quelques semaines, en quelques jours, les rapports diplomatiques prennent des proportions inattendues, les événements se précipitent, jettent la surprise ou la consternation dans le pays, mais il n'y a toujours rien de décidé ; c'est seulement quand la presse parle d'honneur national que vous pouvez être sûrs que la solution du problème est entrée dans une phase militaire « du délire des rois les peuples sont punis » a dit Horace.

La guerre déchire tous les traités, aucune loi morale n'arrête sa fureur, les excès de toute nature s'y donnent libre carrière, les chefs eux-mêmes quand ils n'approuvent pas les délits ne font rien pour les arrêter; la brutalité, la méchanceté, l'esprit destructeur du carnage succède au carnage; ce qui était un mal réprouvé par la morale devient un bien récompensé par l'honneur. L'Histoire est un perpétuel recommencement, les peuples comme les individus vivent avec leurs périodes de grandeur et de déclin, l'expérience des temps passés n'a aucune influence sur les temps présents. Faut-il croire que les princes conduisent leurs peuples à la guerre dans l'espoir de les rendre heureux? ils risquent leur trône et leur tranquilité, comme les fils de famille risquent leur fortune sur les tables de jeux: les malheurs succèdent aux malheurs, il n'y a pas de victoire sans larmes, mais tout s'efface aux premiers rayons de soleil; les événements succèdent aux événements et l'humanité ne fait pas un pas dans la vertu.

Tant d'efforts, tant d'énergies déployées

n'ont contribué qu'à faire reculer l'humanité dans sa marche ascendante. La guerre qui avait été présentée comme une école d'énergie devint une école de fainéantise et de découragement ; l'homme de retour dans ses foyers réduit sa journée de travail, c'est-à-dire son propre bonheur.

Après les longues périodes de paix, quand les calamités et les souffrances des grandes guerres précédentes ont été effacées dans l'esprit des hommes, que des générations nouvelles se sont succédées dans de longues périodes de prospérité, de calme et de liberté, il semble que les populations dont les deuils se sont effacés des mémoires, soient plus aptes aux entreprises belliqueuses et acceptent avec plus d'abnégation, plus d'enthousiasme, la servitude militaire. D'une façon générale, mais non certaine, les chances d'une longue paix, sont en rapport avec la durée et l'épuisement d'une longue guerre. C'est ainsi, que pendant les guerres de la première République, la France entière se soulevait comme un seul homme contre ses envahisseurs, dès 1794 les populations étaient abattues ; voilà comment M. Thiers décrit la situation de la France, dans son ouvrage : His-

toire de la Révolution, tome III page 21 à 23
(Les fermiers ne battaient pas leur blé et pré-
textaient le défaut de bras, défaut qui était réel,
car les guerres avaient absorbé plus de quinze
cent mille hommes, les fabricants avaient tout
à fait suspendu leurs travaux, il en était de
même des commerçants... les champs étaient
en partie abandonnés et les bestiaux erraient
au hasard, sans pâture... la terreur chez les uns,
la préoccupation politique chez les autres avait
éloigné ou dégoûté du travail un nombre considérable de citoyens laborieux .

Pendant les guerres de l'Empire, Napoléon,
le plus grand organisateur militaire des temps
modernes, qui maintenait son prestige par l'éclat
de ses victoires, s'était attiré une telle impopu-
larité, qu'en 1811 il fut contraint, au dire de
M. Thiers, de faire ramasser pour des colonnes
volantes plus de 160.000 réfractaires qu'il
relégua dans les îles de Ré, de Belle-Isle, à Wal-
cheren et même dans les îles de l'Elbe. Combien tous ces soldats étaient-ils différents de
ceux de la première campagne d'Italie? Où
donc était leur enthousiasme d'antan? Au dire
du même historien, toutes les familles étaient
plongées dans la consternation. Le dégoût de la

guerre avait tout envahi, et après la chute de l'Empire une si grande lassitude s'était emparée des populations, un tel besoin de repos, qu'il fallut attendre jusqu'en 1854 c'est-à-dire quarante ans, avant que les calamités d'une grande expédition, viennent à nouveau ensanglanter l'Europe.

La guerre est une duperie, ses malheurs ne se bornent pas seulement aux théâtres de la lutte, car en échange de quelques bénéfices superficiels qu'elle procure aux vainqueurs, elle traîne à sa suite et répand dans les provinces un tel cortège de maux, de famine et de maladies contagieuses occasionnées par les privations, les fatigues, le manque d'hygiène, que le profit des hostilités est effacé par les misères du fléau.

On ne livre pas impunément un vaste pays à la réquisition, au pillage, à l'incendie, à l'épuisement des ressources de toutes espèces, sans provoquer la disette et la famine.

Les privations de toute nature, affaiblissent les populations, les armées, et les livrent sans défense aux maladies contagieuses. Il n'est peut-être pas une guerre depuis le commencement de l'histoire du monde, qui n'ait été accompagnée de disette et de maladie. En 1798 l'armée d'Egypte fut en grande partie détruite par la peste, celle de Saint-Domingue par la fièvre jaune. Sur 45.000 hommes que comportait l'expéditio , il n'en revint que 4.000. Pendant toutes les guerres de l'Empire, le typhus régnait en permanence dans les armées napoléoniennes. Pendant la guerre franco-allemande, la variole détruisit à elle seule plus d'hommes, que les balles ennemies. La dyssenterie fut le fléau des guerres du Tonkin et la malaria celui de Madagascar. A la suite de la Grande Guerre mondiale, la grippe asiatique fit autant de victimes que la guerre elle-même, sans compter le grand nombre d'hommes qui rentrent dans leur foyer avec des maladies incurables, contractées dans des climats meurtriers et qui succombent après d'horribles souffrances.

La guerre n'est qu'un jeu, non pas un échiquier comme certains stratèges se sont plus à le démontrer, mais un vrai jeu de hasard, où les princes jouent leur couronne et les grands capitaines leurs armées. Le succès ou la défaite, ne dépendent le plus souvent, ni de la valeur d'un général, ni du nombre de ses soldats, ce sont les événements qui font les grands capitaines,

et non les grands capitaines qui font les événements.

Si Napoléon ne fut pas désigné pour le siège
de Toulon où il eut l'occasion de se distinguer,
il est probable qu'il fut resté inconnu dans
l'Histoire; vingt fois dans sa carrière le hasard
a su seconder ses efforts; c'est encore grâce au
hasard, qu'après sa campagne d'Égypte il put
traverser la Méditerranée, passer au milieu
des croisières anglaises de l'escadre de l'amiral
Nelson et rentrer en France. La perte de la
bataille de Waterloo est due au hasard d'une
pluie torrentielle qui était venue, la veille de la
bataille, détremper le terrain, entraver la marche
de l'artillerie, et la bataille commencée trop
tard tourna à l'avantage de Wellington quand
celui-ci reçut dans la soirée les renforts de
Blücher. Les récits plus ou moins légendaires
des Romains ne nous montrent-ils pas des
exemples de hasard? Ne voyons-nous pas le
dernier des Horaces, gagner la victoire en
prenant la fuite, grâce au hasard des blessures
qu'il avait portées aux Curiaces. Rome ne
fut-elle pas sauvée par un troupeau d'oies et,
sous l'empereur Arnouf, prise, dit-on, par un
lièvre. Cependant malgré tous ces hasards, ces

retours de fortune inattendus, la guerre conserve toujours ses partisans et il y a dans tous les États un grand nombre d'hommes qui sont toujours prêts à jouer le sort de leur patrie aux caprices du hasard.

L'on ne dira jamais assez, et l'on ne connaîtra hélas! jamais, le gaspillage occasionné par les expéditions militaires. Il est certain que le bilan de presque toutes les guerres offre un déficit beaucoup plus grand que le bénéfice; c'est une erreur de croire que le bénéfice compense les pertes, et que la victoire paye les frais de la guerre. Dans les lois de *Manou*, livre VII, stance CCVIII, nous lisons : «En gagnant des richesses et un accroissement de territoire, un roi n'augmente pas d'autant ses ressources qu'en se conciliant un ami fidèle qui, bien que faible, peut un jour devenir puissant». Si les princes avant de s'engager dans les expéditions militaires, prenaient le temps de méditer la sagesse de cette stance, ils ne risqueraient pas de livrer leurs territoires aux hasards de la guerre, en même temps que leurs finances aux dissipateurs qui profitent du malheur d'autrui pour s'enrichir de ses dépouilles. A la guerre le mot d'ordre est de détruire; aussi tout le monde s'y emploie-t-il de son mieux, depuis le général qui donne à ses soldats l'ordre de saccager et de brûler à des hommes qui semblent y trouver un soulagement à leurs souffrances, jusqu'au haut personnel administratif qui prodigue les biens de la nation dans la crainte de laisser échapper les bénéfices de la victoire.

Tout le monde n'est pas honnête à la guerre, l'exécrable soif de l'or s'y donne libre carrière, l'agiotage, la spéculation, l'accaparement, viennent se joindre aux maux de la disette et de la destruction. Peu importe la diminution des richesses, les marchandises accaparées augmenteront de valeur en raison de leur rareté; d'où bénéfices pour les spéculateurs. Peu importe la destruction systématique du bétail, des denrées alimentaires de toute espèce, le cultivateur saura se rattraper et trouvera par son travail, avantages et profits.

Peu importe la destruction du matériel, des villages ou des villes, que ce soit dans son pays ou sur le territoire ennemi, les entrepreneurs et les ouvriers y trouveront de hauts salaires. On crée du travail, pour employer l'expression populaire, comme s'il n'y avait pas assez de travail en améliorant ou en perfectionnant ce qui existait, sans être obligé de détruire bêtement, pour reconstruire ce qui était utile. La contagion des grands spéculateurs se communique aux petits : tout le monde veut faire une fortune rapide aux dépens de l'État : comme l'État c'est tout le monde, il s'en suit un déplacement de fortune qui ne profite qu'aux plus habiles, sauf aux malheureux guerriers qui n'ont pas eu l'avantage de prendre part au butin et qui ont vu disparaître leurs économies, comme les guerriers de Rome, qui après la guerre contre les Volsques s'étaient réfugiés sur le mont Aventin.

L'on classe généralement les guerres, suivant les appétits qu'elles suscitent, en guerres de dynasties, guerres commerciales, guerres de conquêtes : chacune de ces sortes de guerres peut se subdiviser en un plus grand nombre suivant les haines, les revendications, les ambitions qui naissent au sein des rapports diplomatiques, ou que la presse inculque aux peuples. Quoi qu'il en soit les guerres ne semblent pas toutes entachées du même degré d'immoralité, il en est ainsi pour les guerres défensives dont les causes sont louables, mais malheureusement dont les princes ont abusé du nom pour masquer leurs fautes ou leurs incapacités politiques, ce sont donc des guerres légitimes, tant qu'il n'existera aucune force confédérale pour contraindre les peuples de proie à respecter la propriété d'autrui. Puis viennent, dans le même ordre, les guerres d'indépendance, qui sont une sorte d'émancipation contre l'esclavage. Enfin les guerres de conquêtes coloniales ne semblent pas, à première vue, entachées d'immoralité, si les États conquérants, n'ont pour but que la pacification des pays barbares, de moraliser les indigènes, d'élever leur niveau intellectuel, de leur enseigner l'agriculture, les arts utiles au développement et au perfectionnement de leur moyens d'existence et de créer dans ces pays, un outillage national en rapport avec l'existence moderne. Le philosophe Lamennais reconnaît trois sortes de guerres. Voici ce qu'il écrit :

« Qu'est-ce qui pourrait troubler profondément la paix, s'il n'y avait plus ni guerre de conquête, ni guerre de succession, ni guerre commerciale.

Or les guerres de conquête, funestes aux vainqueurs comme aux vaincus, ont constamment pour cause l'ambition d'un chef insatiable de pouvoir et de richesse. Que ce chef quel

qu'il soit, au lieu de commander, obéisse au
peuple, dont il n'est et ne peut être légitimement
que le simple mandataire; les guerres de conquête et les désastres et les calamités qu'elles
traînent après elles cessent à l'instant même
de désoler l'humanité, car le peuple qui atta-
querait la liberté d'un autre peuple, ses droits,
son existence, renoncerait à sa propre liberté,
à ses propres droits, et se condamnerait lui-
même à mort.

Les guerres de succession, d'où viennent-
elles? Que sont-elles? Une conséquence du droit
monstrueux qui fait d'un pays, d'un peuple, la
propriété d'une famille sa possession héré-
ditaire. Ces guerres disparaissent donc avec le
droit qui les engendre.

Des entraves apportées aux communications
des peuples entre eux, à l'expansion de l'industrie et aux lois naturelles qui tendent à établir
partout l'équilibre entre la production et les
besoins, non d'une nation, mais de toutes les
nations, de ces entraves arbitraires dont le
fisc profite seul aux dépens de la prospérité
publique, naissent les guerres commerciales, si
fréquentes dans les temps modernes. Elles
n'auront plus de causes possibles quand la par-

faite liberté de commerce aura couronné les autres libertés.

Délivrées du fléau de la guerre, à laquelle succèdera toute une concurrence transitoire, les nations comprendront l'intérêt qu'elles ont toutes à coordonner leur effort, à organiser leurs travaux, afin de tirer de l'héritage commun du patrimoine universel tout ce qui peut fournir pour satisfaire les besoins des hommes, pour multiplier leurs jouissances et, de cet ensemble de travaux dirigés à la même fin sortira une messe incalculable d'utiles productions que la science, en se développant, augmentera sans cesse, tandis que le développement moral en déterminera une plus équitable distribution.

Ainsi, peu à peu, croîtra le bonheur de tous, ainsi, de proche en proche, le mal ira s'affaiblissant, par une suite naturelle du progrès général).

Certains moralistes, et non des moindres, qui comprennent au sein de leur École des philosophes, des académiciens, des hommes de haute culture intellectuelle, s'accordent généralement à dire que la guerre est une régénérescence de l'âme, que malgré les malheurs qu'elle entraîne après elle, elle est la plus

grande éducatrice du spiritualisme, du dévouement, de la vertu, et de l'abnégation. (Sans la
guerre, disent-ils, qui revient à époques périodiques, l'humanité tomberait dans l'égoïsme,
dans la paresse, dans le matérialisme, dans la
corruption). Nous croyions cependant que le
Grand Maître de la morale d'ici-bas et d'en-
haut, avait dit : (Celui qui tuera par l'épée périra
par l'épée). Puis cette belle parole qui renferme
toute la fraternité humaine : (Aimez-vous les uns
les autres). Et encore celle-ci : (Heureux les
pacifiques, car ils seront appelés enfants de
Dieu). Si nous rappelons ici ces belles maximes
qui semblent oubliées des uns et méconnues
des autres, c'est que nous ne croirions pas être
complets, si nous les avions passées sous silence,
et que nous pensons qu'il existe dans la chré-
tienté, encore assez d'honnêtes hommes pour
les pratiquer, les enseigner et surtout ne pas
les dénaturer. En tout cas, ce n'est pas une
raison, parce que le Fils de Dieu est mort dans la
souffrance pour racheter les fautes des hommes,
pour que d'autres innocents doivent expier
pour racheter l'imprévoyance de leurs semblables. Laissons, si vous le voulez bien, les
maximes de l'Évangile trop oubliées, et passons

à un des grands chefs de la philosophie moderne. Voilà comment s'exprimait Nietzche : « Vous voulez, si possible, et il n'existe pas de possible plus insensé, réprimer la souffrance, et nous? Il semble que nous voulons plutôt la rendre plus intense encore, et plus cruelle que jamais! Le bien-être, comme vous l'entendez, ce n'est pas un but à nos yeux, c'est une fin! Un état qui aussitôt rend l'homme risible et méprisable, qui fait désirer sa disparition! La discipline de la souffrance, ne savez-vous pas que c'est cette discipline seule qui, jusqu'ici, a porté l'homme aux plus grandes hauteurs.... » Nous nous garderons bien de commenter cette citation. Que chacun regarde autour de soi, et voit la débauche, l'immoralité, la désunion dans les familles, occasionnées par la guerre mondiale. Que l'on jette un regard sur la précocité du vice, les statistiques criminelles, et si Messieurs les moralistes sont de bonne foi, ils reconnaîtront leur erreur.

DE LA DIPLOMATIE

Certains historiens, ont prétendu que la diplomatie, avait commencé avec les guerres d'Italie; nous ne connaissons pas la source de ces informations, mais nous croyons savoir, que la diplomatie est aussi vieille que le monde.

Voici ce qui est écrit dans les lois de Manou :

Livre VII, stance LXV et suivantes. — « C'est du général que dépend l'armée, c'est de la juste application des peines que dépend le bon ordre, le trésor et le territoire dépendent du roi, la guerre et la paix de l'ambassadeur. En effet, c'est l'ambassadeur qui rapproche les ennemis, c'est lui qui divise les alliés car il traite les affaires qui déterminent la rupture ou la bonne intelligence. Dans les négociations avec un roi étranger, que l'ambassadeur devine les intentions de ce roi, d'après certains signes, d'après son maintien et ses gestes, et au moyen des signes et des gestes de ses propres émis-

saires secrets et qu'il connaisse les projets de
ce prince, en s'abouchant avec les conseillers
avides ou mécontents. Étant complètement ins
truit par son ambassadeur de tous les desseins
du souverain étranger, que le roi prenne les plus
grandes précautions pour qu'il ne puisse nuire
en aucune manière ».

Quoi qu'il en soit, l'art des diplomates
devrait essentiellement consister à rapprocher
les peuples entre eux, à trancher d'une façon
impartiale les difficultés qui peuvent s'élever
entre les États, à prévenir les abus de la force
armée, à créer entre eux une harmonie constante, basée sur les principes de la vérité et de
la loyauté, et ainsi par sa diligence apporter la
paix et le bonheur parmi les peuples.

Au contraire, toujours perfide, mystérieuse
et mensongère, l'habileté de la diplomatie, ne
consiste qu'à tromper. Les délibérations de ses
séances mystérieuses, les traités secrets qui y
sont conclus, tiennent jalousement le public en
dehors de ses négociations, comme s'il devait
complètement se désintéresser des questions qui
y sont traitées ; c'est cependant dans ces séances
où l'on parle de bouche à l'oreille, que se dis-
cutent l'avenir des peuples, leur tranquilité, leur

bonheur et leur sang. L'on dirait que la diplomatie a pris pour devise : « Diviser c'est régner ».

Il est donc interdit aux peuples, d'assister aux séances et, le plus souvent, les traités qui y sont conclus ne sont pas même soumis à l'approbation des peuples intéressés. Seule de toutes les institutions, la diplomatie ne connaît ni morale, ni loi. Toujours perfide et onduleuse, elle devient autoritaire en face du vaincu, (La raison du plus fort est toujours la meilleure), comme le papillon, elle va d'ambassade en ambassade, construit aujourd'hui ce qu'elle défera demain, coupe, tranche, achète quelquefois sans que jamais personne ne lui demande de compte, ne se trompe jamais, l'armée est là pour réparer ses erreurs. « La guerre est le duel des rois, a dit Michelet ».

La diplomatie, n'est qu'un reste des anciens régimes, que les peuples profondément désunis n'ont jamais osé abolir. Comme nous venons de le dire, les questions d'État à État y sont traitées dans le mystère et dans l'isolement. Sur quelle base les négociations y sont-elles conduites?

Les diplomates accrédités par leur gouvernement négocient-ils au nom de leur pays? C'est-à-dire au nom de l'opinion proclamée par la majorité ? Négocient-ils suivant leurs inspirations politiques personnelles, ou les inspirations politiques de l'oligarchie qu'ils représentent ? Au nom de l'Histoire dont il est impossible de démêler la vérité, ou au nom de leur conscience. Hélas ! n'allez pas croire surtout que ces hommes sont supérieurs aux autres hommes ; certes, il y en a d'intègres, de très instruits, mais il y en a aussi qui ne possèdent pas toutes ces qualités ; le baron Talleyrand passe généralement dans l'Histoire, pour représenter le diplomate accompli, voici ce qu'il écrivait : « La parole a été donnée à l'homme pour déguiser sa pensée ». Le même disait, après l'assassinat du ducd'Enghien : « C'est plus qu'un crime, c'est une faute ». C'est qu'en diplomatie, le mensonge, le vol, l'assassinat ne sont que des fautes, j'en passe et des meilleurs.... Machiavel qui se crut octroyé de donner des conseils aux princes, s'exprimait ainsi : « Le prince ayant besoin de bien imiter la bête, doit savoir revêtir les qualités du renard et du lion, parce que le lion ne se défend pas des filets, ni le renard des loups. Il faut donc être renard pour connaître les filets et lion pour effrayer les loups. Ceux

qui s'en tiennent au lion ne connaissent pas leur
métier; par conséquent, un prince prudent ne
doit pas tenir sa parole quand cela lui fait tort,
et quand les occasions qui lui ont fait promettre
quelque chose n'existent plus. Si les hommes
étaient bons, ce précepte serait mauvais, mais
comme ils sont méchants et qu'ils sont loin de
tenir leur parole, tu ne dois pas non plus la tenir,
et tu ne manqueras jamais de raisons pour en
justifier l'observation ». J'en pourrais donner
mille exemples modernes, et montrer combien
les traités de paix, combien de promesses ont
été rendues nulles et inutiles par l'infidélité des
princes, dont celui qui a le plus de succès a le
mieux su imiter le renard ». Du même auteur,
je lis plus loin : « Le prince doit paraître clé-
ment, faible, humain, religieux et intègre;
mais il doit rester assez maître de lui pour
qu'au besoin il puisse et sache faire tout le contraire ».

Nous ne croyons pas que les peuples puissent
commettre plus d'erreurs que s'ils prennent
pour base de leur revendication politique, ce
que l'on appelle le Droit historique. En effet,
l'Histoire officielle n'existe pas, ou plutôt tous
les communiqués qui sont livrés au grand

publie ne sont qu'un mélange de réticences et d'exagérations propres à servir le dessein des princes ou des oligarchies, à calmer l'opinion publique, ou à exciter son enthousiasme. Si nous analysons les bulletins des divers États intéressés à la même cause, nous n'en extrayons que des récits contradictoires, sans valeur historique; et cependant, ce sont ces bulletins qui fournissent les documents qui servent à la préparation des Histoires classiques. Les récits des historiens libres n'offrent pas plus de foi que les précédents, chacun décrit un fait à sa manière, suivant son tempérament, ses aspirations, ses opinions politiques, suivant la situation qu'il occupe dans l'État.

Dans telle Histoire, un fait est passé sous silence, un autre amplifié plus que de raison, ce n'est le plus souvent qu'un mélange de flatteries et d'erreurs propres à se faire accorder par le prince des faveurs personnelles. Vous n'avez jamais vu un historien embarrassé, tous n'ont pas l'intégrité de Tacite et de Thucydide. Mais poussons plus loin nos commentaires, prenez, si vous le voulez bien, le récit de dix témoins oculaires, vous obtiendrez dix récits différents et contradictoires. De nos jours, à la bataille du

Jutland, en mai 1916, n'avons-nous pas assisté à la dispute de deux amiraux anglais, commandant la même flotte, fournir de la bataille deux récits différents. Que l'on consulte l'épopée napoléonienne racontée par un historien français, anglais, allemand ou espagnol, nous aurons quatre compilations écrites dans le but de flatter l'amour-propre des lecteurs pour lesquels elles auront été composées; c'est ainsi que les Français ignorent presque toutes les défaites du Grand Capitaine, mais en revanche pas une de ses victoires ne nous est oubliée; s'il s'agit d'une défaite qu'il est impossible de passer sous silence, il y a une excuse toute prête, ainsi la gloire ne s'en trouve pas amoindrie. Voilà pour l'Histoire moderne. Si, au contraire, nous portons nos regards sur des époques plus éloignées, dans les temps où l'instruction n'était le privilège que d'un petit nombre, où les historiens n'avaient pas de contradicteurs, alors, nous acceptons leurs récits avec toute la duperie qui nous caractérise. C'est ainsi que nous savons jusque dans les moindres détails les exploits des valeureux chevaliers qui combattirent aux Croisades, de ceux de la guerre de Cent Ans et que nous connaissons toutes les

paroles mémorables que prononcent les princes
et les généraux, et voilà justement comme l'on
écrit l'Histoire. Le Droit historique est donc une
duperie, qu'en diplomatie on doit employer avec
beaucoup de ménagements, à moins qu'il ne
serve d'argument pour faire valoir la raison du
plus fort.

Les traités d'alliance sont offensifs ou défen-
sifs, ils sont élaborés dans le plus grand secret;
les clauses, conditions ou obligations qu'ils renferment sont inconnues du grand public, qui
ignore quelquefois jusqu'à l'existence de ces
traités; ils contribuent au rapprochement de
certains peuples et en éloignent certains autres.
Il y a donc toujours eu des traités d'alliance,
secrets et mystérieux, et il y en aura aussi longtemps que les États, pour régler les différends
qui les divisent, n'auront pas pris pour base la
morale et la vérité. Aussi les traités d'alliance,
qui sont l'œuvre de l'intrigue, sont-ils tous
éphémères quand ils sont inspirés par l'ambition, la rapacité des princes ou des oligarchies
qui y président; car l'empreinte de l'immoralité
qui est à leur base ne peut inspirer qu'une confiance relative, même à leurs partenaires. Aussi
ces sortes de traités sont-ils conclus et défaits

avec autant de facilité que comporte leur nature, et ne sont-ils observés par les peuples
qu'autant que ceux-ci ont intérêt à le faire. Tels
peuples qui ont intérêt aujourd'hui à conclure
une alliance, pour abattre un adversaire, seront
peut-être ennemis demain, et eux-mêmes feront
peut-être alliance avec leurs adversaires, si leur
égoïsme le leur commande, pour se battre contre
leurs premiers alliés. Voilà ce qui donne une
fameuse idée des mœurs diplomatiques. En 1913
la Bulgarie, la Serbie et la Grèce firent alliance
contre la Turquie; quand la Turquie fut vaincue,
la Bulgarie d'une part, la Serbie et la Grèce
d'autre part se déclarèrent la guerre pour se
partager le butin; en 1915, la Bulgarie et la
Turquie redevenues alliées, aidées de la Grèce, se
battaient contre la Serbie, et au moment où
nous écrivons, la Grèce est en guerre contre la
Turquie. Mais surtout, ne croyez pas que cet
exemple soit particulier aux mœurs balkaniques,
l'Histoire offre mille exemples semblables. C'est
déplorable, inhumain, immoral, les hommes et
les territoires sont vendus et achetés sans avis
préalable, sans consentements demandés, comme
marchandise en foire.

Si la diplomatie préside aux alliances et prépare sournoisement la guerre, elle lance les peuples les uns contre les autres, quand elle juge le moment opportun; c'est ainsi qu'un événement malheureux, mais inattendu qui n'a pas été envenimé par l'intrigue de deux diplomaties qui cherchent une occasion pour en venir aux mains, a beaucoup de chance pour passer sans provoquer de ruptures diplomatiques. Les accidents de frontières sont nombreux, il s'en élève journellement entre les États: les attaques contre la propriété ou contre les nationaux, se règlent ordinairement avec autant de cordialité que de bienséance. Mais lorsque l'intrigue ou les résultats d'une politique personnelle, haineuse, ont par leurs savants calculs préparé une rupture, le plus petit motif, l'incident le plus insignifiant peut déchaîner le fléau. C'est ce qui faisait dire en 1733 au prince de Savoie, après la déclaration de guerre entre la France et l'Allemagne : « Cette guerre n'a point d'objet; il n'y a pas de quoi faire tuer un poulet ». Dans le même ordre d'idée, sous le Consulat, la paix fut rompue entre la France et l'Angleterre à la suite de violentes attaques de la presse de Londres. Les déclarations de guerre sont dues à des causes tout à fait fortuites, ce qui n'empêche pas les deux parties adverses de protester bien fort contre la violation des droits, de proclamer chacune leur amour infatigable de la paix et de la justice, et de détenir seules les secrets du droit.

Le droit nous le connaissons, c'est le droit du plus fort, le droit de Caïn, le droit de celui dont l'intérêt est d'abattre ou de ménager son adversaire autant que sa haine ou les besoins de la cause le permettent, c'est presque toujours une iniquité sans nom qui sera la cause de nouvelles alliances, de nouvelles intrigues, le prélude d'une nouvelle série de guerres, de quoi occuper plusieurs générations. Les Croisades ont occupé l'Orient et l'Occident pendant quatre-vingt-dix ans, les guerres franco-anglaises pendant cent quinze ans, les guerres turco-balkaniques pendant cinq cents ans, les guerres d'Italie ont duré vingt-deux ans, les guerres franco-allemandes depuis Richelieu. L'on voit donc jusqu'où peut conduire les conquêtes et l'inconstance de la diplomatie secrète. Aucun des États que nous venons de citer ne peut s'applaudir de succès sans mélange: tour à tour vainqueur ou vaincu, chacun de ces États a combattu pour réparer les iniquités qui lui avaient été imposées, et pour la plupart, les causes n'ont été abandonnées que lorsque le peuple avait été complètement colonisé (telle est la fin des guerres puniques qui durèrent un siècle), ou lorsque la cause n'offrait plus aucun intérêt; telle est la fin des Croisades, ou bien encore, une diversion conduit les peuples vers d'autres contrées, vers d'autres chimères, telles sont l'Espagne et l'Angleterre, la première à la conquête de l'Eldorado, la seconde plus positive à la conquête des territoires du nord de l'Amérique, et dans la suite se désintéressa presque complètement des choses de l'Europe.

Tous ces exemples nous donnent une preuve suffisante de l'immoralité et de la stupidité des conquêtes entre pays parvenus au même degré de civilisation, ils montrent combien la vanité des chefs d'État pour entretenir d'une façon irréfléchie l'instinct belliqueux des peuples, combien la haine développée par l'amour-propre, et savamment entretenue par des historiens à la recherche de faveurs personnelles, par des littérateurs inspirés par l'esprit dramatique, par des chansonniers séduits par l'attrait des gloires militaires, par des journalistes, des artistes, des peintres ou statuaires à la solde des États, par des orateurs avides de décorations et d'emplois publics et de tous les gens qui font profession de chanter la gloire des combats, de raviver les souvenirs historiques et de perpétuer l'esprit de guerre entre les peuples. Toutes ces exhibitions glorieuses et provoquantes, développent dans l'esprit des populations viriles les droits de conquête, et il est bien rare même que la fortune des gloires militaires qui favorise le vainqueur soit profitable et sans revers.

L'équité d'une cause, les réparations légitimes, le droit d'une nation, sont tout à fait en dehors des traités de paix ; la guerre n'est pas un droit, et le droit n'est pas la guerre, ou ce ne serait plus le droit. Tant que des rançons auront été exigées, des territoires indûment annexés, des libertés enlevées, des vexations infligées, la diplomatie secrète aura toujours devant elle un vaste champ d'action pour conduire ses intrigues. C'est à la justice, à l'impartialité des peuples que l'on doit remettre la cause des peuples.

Nous ne sommes plus à une époque où les intérêts du peuple se trouvaient concentrés à l'intérieur des frontières ; depuis l'invention de la vapeur et de l'électricité ; les intérêts exté-

rieurs se sont profondément développés, une
vaste correspondance s'échange journellement
entre les pays étrangers, la plupart des hommes
quelque peu instruits prennent contact avec les
pays voisins, le commerce, l'industrie, l'agriculture, se sont développés à un tel point que
leurs conditions vitales ne peuvent être assurées
que moyennant que les marchés étrangers
leur soient ouverts; il n'est pas un rentier, un
capitaliste, un financier qui ne possède dans son
portefeuille une valeur étrangère dans laquelle
il a une aussi grande confiance que si elle était
hypothéquée sur son propre pays : les intérêts
des grosses maisons financières du monde sont
tous solidaires les uns des autres; les grandes
villes d'eaux et de plaisir à quelque nationalité
qu'elles appartiennent ouvrent leurs portes à
toute une société cosmopolite. Depuis que Magellan, en 1520, tenta pour la première fois de
faire le tour du monde, il s'est établi progressivement une telle circulation entre les hommes
des différentes races, qu'il semble que toutes
les frontières se sont aplanies devant eux: la
civilisation n'est plus confinée comme autrefois, à une parcelle du territoire européen,
depuis la propagation du livre elle est devenue

universelle; aucune nation ne peut se vanter d'en avoir le monopole, elle englobe tout, elle submerge tout, quelques heures, quelques instants mêmes suffisent aux hommes pour avoir des nouvelles de leurs antipodes. Tout est transformé, rien ne subsiste plus aux siècles passés.

Malgré ce grand mouvement international, malgré les relations ininterrompues qui s'affirment de plus en plus entre les hommes, la vieille diplomatie n'a pas abandonné ses armes et ses droits, et ces hommes qui se croient très sages à diriger les États se plaisent à élever des murailles de Chine pendant que les autres les aplanissent. Nous ne pouvons mieux les comparer qu'à ces fanatiques arabes qui passent au milieu de la civilisation sans s'assimiler à elle.

Si à l'époque où vivait Magellan, les droits internationaux pouvaient très bien être réglés secrètement par la sagesse de quelques hommes étroitement enfermés dans leur cabinet. Il n'en est plus de même aujourd'hui; nous voulons bien accepter qu'ils se sont quelque peu modernisés, c'est-à-dire qu'ils sont de bonne foi, qu'ils n'ont aucun intérêt personnel à envenimer les causes internationales, mais si nous ne savons pas ce qui se passe dans le secret de leurs

réunions, nous savons qu'ils assistent à un mar-
chandage. Un peuple ne peut être ni vendu ni
acheté comme un troupeau de bétail, puis,
comme tous les hommes, ils sont faillibles.
Certes les délibérations des assemblées nationales, issues du suffrage universel, ne sont pas
parfaites, mais quel contraste auprès des délibérations de la diplomatie secrète.

Les intérêts internationaux des peuples, doivent être débattus librement et publiquement,
suivant l'évolution du Droit public devant les
représentants des peuples assemblés.

DU PROGRÈS MÉCANIQUE,
DU PROGRÈS ORGANISATION

Si nous essayons de nous transporter par la pensée aux premiers âges du monde, nous verrons que depuis les époques les plus reculées jusqu'à nos jours, des besoins de jouissance constamment plus grands ont été les seuls guides qui aient conduit l'homme vers l'acheminement progressif de ses instruments de travail. Aidé par des découvertes heureuses qu'il sut adapter à ses besoins, l'homme par son propre travail, par son génie, après avoir soumis à son caprice des forces naturelles qu'il sut transformer à sa volonté, en autant d'esclaves que ses besoins en demandaient, aurait pu, certes, arriver à toucher à un bonheur matériel presque complet, s'il ne se fut avisé d'employer dans l'art de la destruction, tout ce qui avait contribué à sa plus grande part de bien-être, et incontinent, il servit son propre malheur.

Ainsi les malheurs de l'homme, dans les périodes de guerre, peuvent-ils se comparer avec le rapport de la somme de bonheur matériel dont il fut gratifié dans les longues périodes de paix : la vapeur, l'électricité et toutes les industries mécaniques qui en dérivent, fournissent journellement tous les besoins que demande sa consommation personnelle. Transformez du jour au lendemain toute cette machinerie en auxiliaire de combat et vous obtiendrez les plus merveilleux engins de destruction que puisse imaginer la tyrannie. La force combattive d'un État ne se mesure plus comme autrefois au nombre de ses baïonnettes et aux subsistances que peut produire cet État pour l'entretien de ses armées; de nos jours, l'entretien de la guerre sort des usines, et plus un pays est riche en chevaux-vapeur, plus il peut disposer de matériel de guerre, plus il peut inonder un champ de bataille de projectiles, et il semble, si des fautes graves ou si le hasard ne viennent pas entraver le sort des combats, que le dernier mot appartienne à celui qui dispose du plus grand nombre de chevaux-vapeur : c'est ce que l'on appelle aujourd'hui, sans doute pour ne pas décourager les hommes, une guerre de matériel, pour ne pas dire une boucherie épouvantable et sans nom, où la science est associée au meurtre, et dont n'avaient pas la moindre idée les peuples barbares « Science sans conscience n'est que ruine de l'âme » a dit Rabelais Pantagruel : livre II, chap. VIII.

L'industrie des transports mécaniques qui fut inventée et perfectionnée pour le transport des voyageurs et des marchandises devient dans les périodes de guerre, un des plus puissants conducteurs de destruction des temps modernes. En effet, sans le secours des transports mécaniques, il serait impossible de procéder à la mobilisation générale d'un pays, de conduire aux frontières, d'entretenir journellement de vivres, de matériel, de munitions et de tout ce qui est nécessaire à la consommation journalière d'une armée qui comprend toutes les forces vitales d'un peuple. Sans le secours des transports mécaniques les nations en état de guerre, seraient obligées, comme autrefois, de se borner à des armées ne dépassant pas en nombre ce que l'entretien d'un réseau de routes carrossables peut permettre d'assurer. C'est ainsi que des pays comme la Russie et la Chine, qui possèdent une vaste population, mais dont les réseaux de chemins de fer sont peu développés, ne peuvent conduire et entretenir sur leurs frontières que des armées relativement restreintes. C'est ainsi, que par opposition, les États-Unis qui possèdent également une vaste population, mais une machinerie développée, ainsi qu'une vaste flotte, purent réussir à transporter d'un continent à l'autre et subvenir à l'entretien de la plus formidable armée et du plus puissant matériel qui ait jamais passé les mers et, par ce fait, décider de la victoire. Comment fut-il possible d'assurer pendant cinq années, la nourriture d'armées aussi nombreuses, sans le secours perfectionné de l'outillage agricole, d'équiper, de chausser et de vêtir près de 50 millions d'hommes mobilisés en Europe, dont les vêtements étaient parfois usés en quelques jours, si l'inoffensive machine à coudre n'était venue prêter son concours à l'habillement des soldats. Il en est de même pour les machines-outils qui produisent en abondance des instruments de paix, sans aucun effort musculaire de la part de ceux qui les conduisent et qui, dans les périodes de guerre, au moment où toutes les populations viriles étaient aux armées, purent être confiées à des femmes et des fillettes qui n'avaient jamais touché un outil et leur faire produire en abondance des armes et des munitions.

Il est incontestable que plus se multiplieront et se perfectionneront les transports aériens, la puissance des explosifs, plus la chimie perfectionnera l'empoisonnement par les gaz, plus les souffrances seront imposées aux hommes. Nous craignons bien que dans les grandes guerres futures, les populations non combattantes, les femmes, les enfants, les vieillards, ne souffrent autant des méfaits de la guerre que les populations viriles : avec l'aviation, les gaz, les explosifs, les grosses agglomérations ne seront plus habitables; nous l'avons déjà vu dans les villes près du front pendant la grande guerre; les victimes seront en rapport du progrès de ces industries, comme les victimes dans les guerres modernes, ont été en rapport du développement des armes à feu. C'est maintenant le cas de dire avec Plutarque : « O Hercule! c'en est fait du courage ».

Si le progrès matériel, n'est pas accompagné de la prudence, ou plutôt d'une vertu nécessaire qui doit surpasser en valeur le progrès mécanique, l'humanité est fatalement condamnée à tomber avec toutes ses conséquences dans des maux de plus en plus grands: nous ne contestons pas que ce qui a été détruit par la machine, la machine doit le reconstruire, mais combien est-il plus facile et moins long de détruire que de remettre en place: que de souffrances inutiles, que de temps perdu pour le développement du progrès humain. Songez de quelle somme de bien-être l'humanité disposerait si les hommes avaient été assez sages pour employer leur énergie au perfectionnement de l'instruction et des sciences utiles, au développement de la beauté dans les arts, à l'harmonie des institutions politiques entre les États, à donner pour le bonheur de tous, le meilleur d'eux-mêmes.

Le progrès-organisation vient dans les périodes de guerres comme dans les périodes de paix seconder les efforts du progrès mécanique.

L'organisation dans les sociétés a toujours existé, mais elle s'est considérablement développée depuis l'invention de la comptabilité. L'organisation s'est introduite partout, dans la vie publique comme dans la vie privée, dans la grande comme dans la petite industrie, au bureau ou au magasin, elle est devenue indispensable à l'existence de notre société moderne.

L'organisation militaire a suivi le progrès de l'organisation civile, et lui a emprunté ses ressources administratives pour les appliquer à tout un État ; c'est ainsi qu'elle put organiser une mobilisation très compliquée, une réquisition établie d'après les statistiques, sur les ressources d'un pays, emprunter le système de crédit des banques d'émission, et qu'elle est arrivée, grâce à l'utilisation de l'effort et des aptitudes, à placer chacun dans l'emploi qui lui est propre, suivant sa force ou son savoir. L'organisation dans la paix représente l'ordre ; l'organisation dans la guerre, par opposition à la paix, représente donc le désordre méthodique.

Les guerres modernes sont des guerres de masse, elles englobent toutes les populations viriles des États belligérants ; leur réussite est subordonnée dans l'offensive, comme dans la défensive, à la rapidité d'une mobilisation générale, donc la bonne organisation d'une mobilisation générale doit comprendre tous les hommes en état de porter les armes, chaque emploi doit être désigné d'avance, suivant l'âge, l'instruction militaire que le mobilisé a reçue, ou les aptitudes particulières qui lui permettent de remplir tel ou tel emploi. Après une rupture diplomatique, quand les pouvoirs exécutifs ont lancé les ordres de mobilisation, les mobilisés des deux pays belligérants se rendent aux postes qui leur sont assignés, afin d'être enrégimentés, habillés, équipés et armés, en attendant que le haut commandement militaire les dirige de nouveau sur des points de la frontière connus de lui seul. Le succès d'une mobilisation générale dépend de l'organisation des chemins de fer de ces pays, et plus le réseau en est développé, plus le succès de la mobilisation en est assuré.

On ne déplace pas impunément toutes les forces vives d'un pays, on ne retire pas des usines et des champs une foule de travailleurs qui assurent la vie quotidienne d'un État, pour les envoyer à la frontière, il faut les faire subsister et leur donner tous les moyens propres pour entrer en campagne. Comme l'État ne possède rien par lui-même, mais que l'État c'est tout le monde, l'on a recours à la réquisition qui n'est qu'une main-mise sur tous les approvisionnements, sur tous les stocks que l'État juge de s'approprier pour le bon fonctionnement de ses armées en campagne, la réquisition doit être réglée avec beaucoup de ménagements, car elle peut devenir un désastre : prolongée trop longtemps sur les populations, elle peut offrir la forme d'une confiscation si les abus ont été poussés sans discernement, comme en Russie, sous le gouvernement des Soviets.

Quoi qu'il en soit, cette opération nécessite le crédit car le bon fonctionnement d'une mobilisation générale, ne peut être assuré sans la réquisition, et la réquisition sans le crédit. C'est du bon fonctionnement de ces trois conditions particulières dont dépend le succès des guerres modernes, car les États, à l'exception de l'Allemagne et de la Russie qui possédaient un trésor de guerre, ne possèdent aucun capital, que la rentrée journalière des impôts qui leur servent bien juste à assurer leurs services publics. Ils ont donc recours, pour le paiement de leurs achats à la monnaie fiduciaire, c'est-à-dire à une augmentation immodérée de la circulation des billets de banque : l'exagération de la circulation fiduciaire est réduite par l'emprunt quand les particuliers apportent leur confiance aux États et suivent avec intérêt les opérations des guerres : les arrérages des emprunts doivent être garantis par le rendement des impôts nouveaux consentis et acceptés de bon gré par les populations. Dans le cas contraire, si les emprunts ne rendent pas aux États le surplus des billets en circulation, si les particuliers n'accordent plus leur confiance à la monnaie fiduciaire, si les intérêts et l'amortissement des dettes contractées, ne sont pas régulièrement payés par les États emprunteurs, les banquiers étrangers profitent de la situation embarrassée de ces pays pour demander en échange de leurs services de gros intérêts ou une réduction sur le cours nominal de la monnaie fiduciaire et couvrir leurs risques : d'où différence sur le change, la spéculation s'empare du marché des changes, suivie de fluctuations plus ou moins occultes. Dans l'ouvrage de Volney. — Les Ruines, chapitre VIII, nous extrayons ce qui suit :

« Oui l'ignorance et la cupidité ! voilà la
« double source des tourments de la vie de
« l'homme! c'est par elle que, se faisant de
« fausses idées de bonheur, il a méconnu et
« enfreint les lois de la nature, dans les rap-
« ports de lui-même aux objets extérieurs, et
« que, nuisant à son existence, il a violé la mo-
« rale individuelle; c'est par elle que, fermant
« son cœur à la compassion et son esprit à l'é-
« quité, il a vexé, affligé son semblable, et

« violé la morale sociale. Par l'ignorance et la
« cupidité, l'homme s'est armé contre l'homme,
« la famille contre la famille, la tribu contre la
« tribu, et la terre est devenue un théâtre san-
« glant de discorde et de brigandage; par l'igno-
« rance et la cupidité, une guerre secrète fer-
« mentant au sein de chaque État, a divisé le
« citoyen du citoyen, et une société s'est parta-
« gée entre oppresseurs et opprimés, en maîtres
« et en esclaves; par elle, tantôt insolents et
« audacieux, les chefs d'une nation ont tiré
« les fers de son propre sein, et l'avidité mer-
« cenaire a fondé le despotisme politique; tantôt
« hypocrites et rusés ils ont fait descendre du
« ciel des pouvoirs menteurs, un joug sacri-
« lège, et la cupidité crédule a fondé le despo-
« tisme religieux, par elle, enfin, se sont déna-
« turées les idées du bien et du mal, du juste
« et de l'injuste, du vice et de la vertu, et les
« nations se sont divisées dans un labyrinthe
« d'erreurs et de calamités.... La cupidité de
« l'homme et son ignorance, voilà les génies
« malfaisants qui ont perdu la terre! Voilà les
« décrets du sort qui ont renversé les empires ».

. . . .

« Mais puisque ce fut du sein de l'homme
« que sortirent tous les maux qui l'ont déchiré,
« ce fut aussi là qu'il en dut trouver les remèdes
« et c'est là qu'il faut les chercher ».

DEUXIÈME PARTIE

LA LOI DE MOÏSE

> Il y a une loi conforme à la nature, une loi commune à tous les hommes, une loi raisonnable et éternelle, qui commande le juste et punit l'injuste. Elle n'est point autre à Rome qu'à Athènes, ni différente aujourd'hui de ce qu'elle sera demain, universelle, inflexible, toujours la même, elle est de toutes les nations, de tous les siècles.
>
> CICÉRON,
> République, Liv. III-XIV

Toute institution politique qui n'a pas établi ses lois fondamentales, sur les principes de la Vérité et de la Justice n'est pas viable, elle ne peut momentanément subsister, qu'en s'appuyant sur la force, mais tôt ou tard, sous la pression du mécontentement du dedans et du dehors, elle devra supporter le poids des violences, des guerres ou des révolutions.

La Vérité est en Dieu, dans la nature et dans

ses lois. Or, Moïse est le premier, le plus grand des législateurs qui la communiqua aux hommes. La loi morale est formulée sous la forme de dix commandements, où les devoirs des hommes y sont définis, avec autant de simplicité que de sublimité. Voici, d'après l'Exode, le texte de la loi : chapitre XX, verset VII et suivants :

VII. — Vous ne prendrez point le nom du Seigneur votre Dieu, car le Seigneur ne tiendra point pour innocent celui qui aura pris en vain le nom du Seigneur son Dieu.

VIII. — Souvenez-vous de sanctifier le jour du Sabbat.

IX. — Vous travaillerez pendant six jours et vous y ferez tout ce que vous aurez à faire.

X. — Mais le septième jour est le jour du repos consacré au Seigneur votre Dieu. Vous ne ferez en ce jour aucun ouvrage, ni vous, ni votre fils, ni votre fille, ni votre serviteur, ni votre servante, ni l'étranger qui sera dans l'enceinte de vos villes.

XI. — Comme le Seigneur a fait en six jours le ciel, la terre et la mer, et tout ce qui y est enfermé, et qu'il s'est reposé le septième jour, c'est pourquoi il a béni le jour du Sabbat et l'a sanctifié.

XII. — Honorez votre père et votre mère, afin que vous viviez longtemps sur la terre que le Seigneur Dieu vous donnera.

XIII. — Vous ne tuerez point.

XIV. — Vous ne commettrez point de fornications.

XV. — Vous ne porterez point de faux témoignages contre votre prochain.

XVI. — Vous ne désirerez point la maison de votre prochain; vous ne désirerez point sa femme, ni son serviteur, ni sa servante, ni son bœuf, ni son âne, ni aucune de toutes les choses qui lui appartiennent.

Ce qui est le plus remarquable dans cette loi, c'est qu'elle s'adresse indifféremment à toutes les races, à tous les peuples, à toutes les religions, comme une loi naturelle, commune à tous les hommes, quelle que soit la différence de climats qui les diversifient. Voilà donc une loi qui n'a jamais été abrogée, ni modifiée depuis près de 4.000 ans qu'elle a été promulguée, qui n'a eu besoin d'aucun décret pour la faire accepter, c'est la loi du bon sens, la loi qui a été reçue sans discussion par les plus grands philosophes, les plus grands sociologues, à n'importe quel parti qu'ils appartiennent. J.-J. Rousseau dans son Contrat Social, s'exprimait ainsi : « De vains prestiges forment un bien passager, il n'y a que la sagesse qui le rende durable. La loi judaïque toujours subsistante, celle de l'enfant d'Ismaël, qui depuis dix siècles régit la moitié du monde, annonce encore les grands hommes qui l'ont dictée ». Voilà dans quels termes le socialiste P.-J. Proudhon parle de la loi de Moïse, dans son ouvrage de l'utilité de la célébration du dimanche, Chapitre I-XIII et suivants : « Quel magnifique symbole ! quel philosophe, quel législateur que celui qui a établi de pareilles théories, et qui a su remplir ce cadre ! cherchez dans tous les devoirs de l'homme et du citoyen quelque chose qui ne se ramène point à cela... vous ne trouverez point. Au contraire, si vous me montrez quelque part un seul précepte, une seule obligation inéluctable à cette mesure, d'avance je suis fondé à déclarer cette obligation, ce précepte hors de la conscience, et par conséquent, arbitraire, injuste, immoral ? » La loi de Moïse n'est donc pas seulement une loi reçue, acceptée par les religions juives, chrétiennes et musulmanes, comme ayant été donnée par Dieu lui-même, c'est-à-dire : « La Loi sacrée », elle est en même temps la loi morale que l'on rencontre à la base de toutes les harmonies sociales, comme une loi naturelle dérivant autant de l'instinct que du jugement, une loi donnée aux hommes comme la nature en donna une aux abeilles, aux fourmis, aux castors et autres animaux vivant en société; c'est la loi de tous ceux qui n'ont pas intérêt à tromper autrui: *c'est la loi qui permet à chacun d'être son propre juge par sa propre raison.* C'est la loi de toutes les consciences, même de celles des chefs d'États qui profanent Dieu en faisant la guerre en son nom.

« Il est, dit Lamennais, dans le Livre du Peuple, une loi vers le commencement : cette loi fut oubliée, violée.

De nouveau, après quarante siècles, le Christ la promulgua plus parfaite, plus sainte.

Et on l'a violée, oubliée encore

Maintenant, elle gît sous des désordres et des droits et c'est pourquoi courbé et triste, vous errez au hasard dans la nuit.

En cette divine loi, en elle seule, est votre salut, la semence féconde du bien que le Créateur vous a destinée.

Écartez les décombres ammoncelés sur elle, et cette espérance consolante, cette parole prophétique des anciens jours, s'accomplira pleinement en vous ».

La loi de Moïse est donc la seule loi d'union commune où viennent se rencontrer tous les principes fondamentaux des principales religions, elle ne fut jamais inscrite dans aucun code, si ce n'est celui des Hébreux, mais elle fut de tous temps gravée dans le cœur des hommes et complétée par cette autre maxime : « Ne faites pas aux autres, ce que vous ne voudriez pas que l'on vous fit ». C'est donc la loi universelle de la paix sociale et de la paix internationale, qui doit être gravée en tête des lois fondamentales.

Le livre sacré, le plus près des institutions religieuses européennes est le Coran, qui, comme chacun sait, est un mélange de l'Ancien et du Nouveau Testament, c'est le livre des fidèles, en même temps qu'un code à l'usage des populations musulmanes, il est le livre par excellence de 210.000.000 d'âmes. Malgré les grandes vérités qu'il contient, la concision, la simplicité des formules dont le Grand Prophète aimait à orner ses discours, l'on ne trouve dans le Coran aucune trace du Décalogue, mais des versets placés au hasard, qui ont toute la signification des commandements de Moïse. Ainsi l'on pourra juger, d'après ce que nous avons rassemblé, que la moralité des principes du Coran, s'accorde sur bien des points avec ceux de la morale juive et chrétienne. Pour en faciliter la comparaison, nous avons cru devoir les classer dans l'ordre du Décalogue.

Voici les principaux versets que nous avons extraits :

Premier commandement.

Sorate I, Verset IXXVII. Quand nous reçûmes l'alliance des enfants d'Israël nous leur dîmes : N'adorez qu'un seul Dieu.

Deuxième commandement.

Sorate IXXXVII, Verset 1. Louez le nom du Seigneur et Dieu très haut. Puis Sorate VI, Verset LXXI : Adorez le Seigneur il n'y a point d'autre Dieu que lui.

Troisième commandement.

Sorate LXII, Verset IX. Lorsque vous êtes appelés à la prière du vendredi, empressez-vous d'aller rendre hommage au Tout-Puissant. Que rien ne vous arrête, votre zèle aura sa récompense. Si vous saviez....

Quatrième commandement.

Sourate II, Verset LXXXVII. Soyez bienfaisant envers vos pères, vos proches, les orphelins et les pauvres, ayez de l'humanité pour tous les hommes.

Cinquième commandement.

Sourate VI, Verset CLII. Ne mettez point votre semblable à mort excepté en justice. Le Seigneur vous en fait la défense expresse.

Sixième commandement.

Sourate XVII, Verset XXXIV. Evitez l'adultère. C'est un crime, et le chemin de l'enfer.

Septième commandement.

Sourate V, Verset XXXXII. Coupez la main des voleurs, hommes ou femmes, en punition de leur crime, c'est la peine que Dieu a établie contre eux. Il est puissant et sage.

Huitième commandement.

Sourate IV, Verset CXXXIV. O croyants que l'équité règle vos témoignages, dussiez-vous pro-noncer contre vous-même, contre un père, un parent, un riche ou un pauvre. Dieu les touche de plus près que vous, que la passion ne vous écarte jamais de la vérité; qu'elle ne vous fasse pas refuser votre témoignage. Dieu voit vos actions.

Neuvième commandement.

Sourate IV, Verset XX. Imposez une peine à l'homme et à la femme libres pris dans le crime; et, si touchés de repentir ils se corrigent, pardonnez-leur. Le Seigneur est indulgent et miséricordieux.

Dixième commandement.

Sourate IV, Verset XXXVI. Ne désirez point d'être semblable à celui que Dieu a élevé au-dessus de vous, chacun aura pour partage le fruit de ses œuvres. Demandez la miséricorde du Seigneur. Il a la connaissance de toutes choses.

Si nous pénétrons plus avant dans les pays asiatiques, c'est-à-dire au delà de l'Indus, dans toute la grande presqu'île indienne, une partie de la Chine et presque toute l'Indo-Chine, nous verrons qu'environ 220.000.000 d'habitants professent la religion de Brahma et 300.000.000 celle de Boudha qui est une perfection apportée au brahmanisme, comme le christianisme est une perfection apportée au judaïsme. Leur livre sacré est la loi de Manou, qui est pour les sec-

tateurs de ces religions, avec certaines variantes
suivant les sectes, ce que le Coran est à l'islamisme, c'est-à-dire le livre sacré du prêtre, en
même temps que la base du Droit qui régit ces
peuples. Certains écrivains frappés par l'esprit
de ressemblance, que certaines stances pouvaient avoir avec les versets bibliques, ont prétendu que l'auteur des lois de Manou avait dû
avoir connaissance du Pentateuque et s'était
inspiré de ses principes. Pour d'autres critiques,
il n'y a rien de précis à ce sujet; du reste, tous
les écrivains ne s'accordent pas entre eux sur les
origines de Brahma, ni sur les œuvres dont il
put s'inspirer, nous sommes donc pour l'instant
obligés de nous en rapporter à des conjectures.
D'après les Indiens, l'origine des lois de Manou
est si ancienne, qu'elle se perd avec les débuts
de leur civilisation. nous n'essayerons pas dans
cet exposé, de faire une étude comparative de
leur législation, ce qui demanderait des connais-
sances spéciales, très délicates, qui ne sont abor-
dables qu'à ceux qui se sont spécialisés dans le
Droit indien. Il nous suffira, comme nous l'avons
fait pour le Coran, d'en extraire quelques
stances, pour donner un aperçu des principales
maximes, qui ont le plus de rapport avec les

lois du Décalogue, et faire comprendre combien la morale de ces peuples, est beaucoup plus près de nous que nous ne le supposons généralement.[1]

Livre I. — Stance VII. Celui que l'esprit seul peut percevoir, qui échappe aux organes des sens, qui est sans partie visible, éternel, l'Ame de tous les êtres, que nul ne peut comprendre, déploya sa propre splendeur.

Livre VIII. — Stance LXXV. Le témoin qui vient dire devant l'assemblée des hommes respectables, autre chose que ce qu'il a vu et entendu, après sa mort est précipité dans l'enfer la tête la première et privé du ciel.

Livre VIII. — Stance LXXXII. Celui qui rend un faux témoignage tombe dans les liens de Varouma, sans pouvoir opposer de résistance, pendant cent transmigrations: on doit, en conséquence, ne dire que la vérité.

Livre VIII. — Stance LXXXX. Depuis ta naissance, tout le bien que tu as fais, O honnête homme! sera entièrement perdu pour toi et passera à des chiens si tu dis autre chose que la vérité.

Livre VIII. — Stance CCCII. Le roi s'applique avec le plus grand soin à réprimer les voleurs;

1. Traduction, A. Loiseleur-Deslongchamps.

par la répression des voleurs, sa gloire et son royaume prennent de l'accroissement.

Livre VIII. — Stance CCCXXXII. L'action de prendre une chose par violence sous les yeux du propriétaire, est un brigandage, en son absence, c'est un vol, de même que ce que l'on nie après avoir reçu.

Livre VIII. — Stance CCCLXXI. Si une femme fière de sa famille et de ses qualités, est infidèle à son époux, que le roi la fasse dévorer par les chiens dans une place très fréquentée.

Livre VIII. — Stance CCCLXXXVI. Le prince dans le royaume duquel l'on ne rencontre ni un voleur, ni un adultère, ni un diffamateur, ni un homme coupable d'actions violentes ou de mauvais traitements, partage le royaume de Sakra.

Livre VIII. — Stance VIII. Le roi doit juger les affaires en s'appuyant sur la loi éternelle.

Nous attirons spécialement l'attention sur la beauté morale de ces deux dernières stances, c'est la sagesse de 700,000,000 de fidèles; elles remplissent à elles seules presque tout le Décalogue, tous les principes fondamentaux pour que les hommes vivent dans la paix, toutes les lois humaines, de l'Orient à l'Occident, le principe éternel de tous les temps, et de tous les lieux, de tous les hommes.

Tous les voyageurs qui ont pénétré en Chine et qui ont par la nature de leurs travaux étudié les principes moraux qui forment le fond de la civilisation chinoise, ont été frappés de l'élévation de l'esprit qui anime ces peuples. En vérité, l'esprit philosophique en Chine, est supérieur à l'esprit religieux, leur ouvrage sacré est le Chou-king, mais le nombre de ses adeptes est relativement peu élevé en face de la grande population chinoise; nous donnons plus loin deux extraits moraux de cet ouvrage; le livre supérieur par excellence, est le livre de Confucius, qui fut écrit 500 ans environ avant notre ère.

Voici dans l'ordre de ce livre, un extrait de quelques chapitres moraux, choisis parmi ceux qui ont le plus de rapport avec le Décalogue[1].

Le Ta-hio, chapitre X, article 1. Que celui qui est dans une position supérieure, ou le prince, traite ses pères avec respect, et le peuple aura de la piété filiale; que le prince honore la supériorité d'âge entre les frères, et le peuple aura de la déférence fraternelle, que le prince ait de la commisération pour les orphelins, et

1. Introduction G. Gauthier.

le peuple n'agira pas de manière contraire : c'est pour cela que le prince a en lui la règle et la mesure de toutes les actions.

Le Lun-Yu, chapitre II, article V. Pendant la vie de ses père et mère, il faut leur rendre les services qui leur sont dus, selon les principes de la raison naturelle, qui nous est inspirée par le ciel.

Meng-Tseu, chapitre II, article VIII. Celui qui fait un vol à l'humanité, est appelé voleur; celui qui fait un vol à la justice est appelé tyran. Or, un voleur et un tyran sont des hommes qui sont appelés : isolés, repoussés.

Meng-Tseu, chapitre I, article LV. La base du royaume existe dans la famille, la base de la famille existe dans la personne.

Meng-Tseu, chapitre I, article X. Si chacun aime ses père et mère comme il doit les respecter, l'empire sera dans l'union et l'harmonie.

Meng-Tseu, chapitre I, article XIV. Si on livre des combats pour gagner des territoires, les hommes tués couvriront la campagne; si on livre des combats pour prendre une ville, les hommes tués rempliront la ville prise. Ce crime n'est pas suffisamment racheté par la mort.

Meng-Tseu, chapitre VI, article VI. L'homme

supérieur ou le sage est humain et voilà tout.

Meng-Tseu, chapitre VII, article XXXIII. Tuer un innocent n'est pas de l'humanité. Prendre ce qui n'est pas à soi, ce n'est pas de l'équité. Quel est le séjour permanent de l'âme? C'est l'humanité. Quelle est sa voie? L'équité.

Meng-Tseu, chapitre VIII, article I. Dans le livre intitulé le Printemps et l'Automne, on ne trouve aucune guerre juste et équitable. Il en est cependant qui ont une apparence de droit et de justice, mais on ne doit pas moins les considérer comme injustes.

Les Européens s'étonnent, qu'une aussi haute morale, n'ait pas conduit ce grand peuple, vers de plus hautes destinées et qu'il n'ait fait aucun progrès depuis plusieurs milliers d'années, puisque leur civilisation était en pleine efflorescence, quand le reste du monde, était encore à l'état de barbarie. C'est que ces hommes, simples et bons, qui ont toujours vécu à la façon des stoïciens, croyaient au point de vue moral, avoir trouvé la perfection, et se contentaient de pratiquer jalousement entre eux, leur morale primitive, sans que jamais l'idée leur vint de l'imposer à aucun peuple. Ils avaient entouré leur pays, d'une muraille défensive, afin de se protéger contre les incursions du dehors, le travail, la simplicité de leurs mœurs, l'abondance, la sobriété des arts dont les lois étaient invariables depuis plusieurs milliers d'années, joignez-y une patience, qu'ils avaient sans doute empruntée à leur maître de la philosophie, ils avaient horreur de la guerre; en Dieu, ils y croyaient peut-être mais ne s'en souciaient point, la tranquilité de leurs âmes les dispensait de toute crainte, le pouvoir était accordé aux plus méritants, aux plus intelligents, aux plus instruits sans distinction de rang social : de tels hommes étaient acquis d'avance aux causes de la paix. Et ce peuple non compris fut méprisé de l'Europe, parce que ses mœurs étaient douces. Quand il fut question de fonder la Société des Nations, sur la représentation proportionnelle des peuples, M. Clemenceau s'écria : « Oui, mais pas avec les Chinois ». Nous sommes au contraire convaincus, qu'il faut introduire toute porte ouverte, les Chinois dans la Société des Peuples; le monde entier ne peut que gagner à leur contact, ils représentent environ le quart de la population mondiale; il y aurait donc un quart de représentants chinois au Parlement confédéral (D'après le système que nous avons établi dans le chapitre suivant). Ce sera l'élément modérateur avec l'élément pratique des Anglo-Saxons, qui représente avec ses colonies environ le quart de la population terrestre : l'un représentera la Vertu et l'autre le Travail, comme les Latins représenteront les Lettres et les Arts.

Quoique, nous nous éloignons quelque peu de notre sujet, frappés par la ressemblance de quelques chapitres de Confucius avec la divine parole évangélique, nous croyons devoir en ajouter quelques-uns à ceux que nous avons cités et qui ont le plus de rapport avec le Décalogue; c'est ainsi qu'il est écrit :

Tchoung-Young, chapitre XIII, article III. — Celui qui a le cœur droit et qui porte aux autres les mêmes sentiments que pour lui-même, ne s'écarte pas de la loi morale du devoir prescrite aux hommes par leur nature rationnelle et ne fait pas aux autres ce qu'il désire qu'il ne lui soit pas fait à lui-même.

Tchoung-Young, chapitre XX, article IV. — Le prince doit se conformer à la grande loi du devoir, et cette grande loi du devoir doit être recherchée dans l'humanité; cette belle vertu du cœur est le principe de l'amour de tous les hommes.

Le Lun-Yu, chapitre IV, article XIV. — La doctrine de mon maître consiste uniquement à avoir la droiture du cœur et à aimer son prochain comme soi-même.

Meng-Tseu, chapitre I, article IX. — Combien de princes pourraient devenir hommes de bien! Ils se plongent mutuellement dans l'abîme.

Meng-Tseu, chapitre VII, article XIV. — Le peuple aime les bons enseignements, les bons exemples de vertu. Par de bonnes lois, une bonne administration on obtient de bons revenus du peuple; par de bons enseignements, de bons exemples de vertu on obtient le cœur du peuple.

Et cette pensée stoïcienne: Le Lun-Yu, chapitre VI, article IX. — « O! qu'il était sage Hoei! il avait un vase de bambou pour prendre sa nourriture, une coupe pour boire, et il demeurait dans l'humble réduit d'une rue étroite et abandonnée: un autre homme que lui n'aurait pu supporter ces privations et ces souffrances. Cela ne changeait pas cependant la sérénité de Hoei; O! qu'il était sage Hoei!

D'autre part, dans le Chou-King nous détachons les deux articles suivants, dont le premier peut être rapporté au premier commandement de Moïse, le second au deuxième :

(Yao commence par dire qu'il faut adorer Dieu.... Aussi l'honneur est dû à Dieu, et les hommages que la religion lui rend sont à la tête de tout).

(Étant établi qu'il faut adorer Dieu, il doit y avoir des temps pour lui rendre hommage).

Comme nous venons d'essayer de le démontrer dans ce chapitre, la loi de Moïse ou le Décalogue, n'est donc pas seulement la base du Droit des peuples, il est en même temps la base de la morale, qui a été perfectionnée sous l'influence du christianisme, elle est la même dans le grand schisme grec, ainsi que dans les sectes protestantes, qui sont dérivées de la religion de Jésus ; l'ensemble de ces religions comprend environ 520.000.000 de fidèles ; elle est aussi la loi de l'islamisme, qui est un mélange de la religion juive et de la religion chrétienne. Les grandes religions de l'Inde, quoique différentes sur certains points, ont les mêmes principes et la philosophie chinoise ne lui est pas inférieure. Le Décalogue est donc la loi universelle des hommes, la vraie loi internationale aussi bien celle des croyants que de ceux qui n'ont pas la foi. La loi de ceux qui sans parti pris aspirent au titre d'honnêtes hommes.

Si la diplomatie a eu ses égarements, pour justifier les besoins de ses causes, et entretenir à grands frais une fausse morale, c'est que les diplomates entre eux n'ont jamais pris de base morale pour établir le fond de leurs principes. Car, si les hommes jugeaient leurs actes d'après leurs propres scrupules, il faudrait les réprouver à jamais. Il n'est donc point étonnant que les journaux quotidiens, qui ont pour mission de prôner les erreurs des diplomates, perdent insensiblement les notions du juste et de l'injuste et émoussent inconsciemment le sens moral du public. Il ne fut cependant pas créé une morale particulière à l'usage de la diplomatie, ni une morale de guerre, ni une morale de paix, la plupart de ces hommes se conduisent tout différemment dans la vie privée. Ce qui est bon, ce qui est juste est comme nous l'avons démontré par cette modeste étude, de tous les temps, de tous les pays, de tous les climats. Les règles fondamentales de la loi de Moïse sont immuables. Les intérêts qui nous sont les plus chers, s'ils ne sont pas justes, passent après ceux du voisin, si nous devons les acquérir au prix de l'imposture, de la calomnie, du vol et du meurtre. Est-il donc nécessaire de mentir quand il s'agit de soulever un peuple contre une nation voisine, sous le stupide prétexte que la médiocrité ou la nervosité des diplomates, n'a pas été à la hauteur des événements? Le Décalogue permet-il davantage de piller, de rançonner, de saccager, d'incendier, de détruire sans raison la propriété d'autrui? Le cinquième commandement condamne tout simplement le meurtre quelle qu'en soit la forme. Ce commandement est immuable, la vie est le plus précieux de tous les biens. Toute infraction à cette règle est une contravention aux règles de la morale.

ESSAI D'UNE CONSTITUTION INTERNATIONALE

Dans tous les pays civilisés, la famille est la base de la société, celui qui manque à ses devoirs envers sa famille, manque donc à ses devoirs envers la société. Un certain nombre de familles forment une commune, un certain nombre de communes une province, plusieurs provinces un État, qui lui-même est régi par la délibération d'une ou plusieurs assemblées composées des principaux dignitaires du pays, chargés de la confection des lois d'intérêt général. Les lois issues de ces assemblées ont été créées dans le but d'assurer le bon fonctionnement des services publics et de faire subsister l'harmonie entre les membres d'un même État. Voilà comment s'exprimait Aristote : La Politique. — Livre I, chapitre XIII. (La nature pousse donc instinctivement les hommes à l'association politique, le premier qui l'institua rendit un immense service, car si l'homme parvenu à toute sa perfection est le premier des animaux, il en est aussi le dernier quand il vit sans loi et sans justice. Il n'est rien de plus monstrueux que l'injustice armée. Mais l'homme a reçu de la nature les armes de la sagesse et de la vertu, qu'il doit surtout employer contre ses passions mauvaises. Sans la vertu, c'est l'être le plus pervers et le plus féroce : il n'a que les rapprochements bestiaux de l'amour et de la faim. La justice est une nécessité sociale, car le droit est la règle de l'association politique et la décision du juste est ce qui constitue le droit).

Donc, si la nécessité a poussé les hommes d'une même commune à être régis sous les mêmes décisions, ceux d'un ensemble de communes ou d'une région par les mêmes décrets, ceux d'un certain nombre de régions ou de provinces par la même législation; les hommes d'une collectivité ou par extension du monde entier, doivent également être régis sous la même forme gouvernementale, ayant les mêmes lois d'intérêt général à tous les États, à tous les hommes, et plus l'extension et la facilité des rapports seront développées entre les États, plus il sera nécessaire de créer un organisme international, qui sauvegarde les mêmes besoins, les mêmes droits, les mêmes libertés, la propriété et la sécurité entre les hommes d'États différents ayant des rapports communs; plus il est nécessaire d'unifier, de créer des lois simples, d'utilité commune, à la portée de tous les hommes.

En effet, les conventions politiques et économiques entre les États sont devenues d'une telle nécessité depuis le développement du progrès mécanique et du progrès intellectuel que, malgré la répugnance de certains hommes à passer des contrats avec des étrangers, les États furent obligés de se créer entre eux des conventions postales, télégraphiques ou téléphoniques pour la circulation de leurs correspondances; des conventions internationales pour leurs transports sur mer, leurs chemins de fer et leurs aviations, pour la répression des malfaiteurs qui échappent à la justice de leur pays, contre la propagation des maladies épidémiques, pour la répression des pirates des mers qui dévalisaient leurs marines, contre l'odieuse traite des nègres, sur le droit commercial, le droit industriel, le droit du travail, le droit financier, les droits d'auteur, etc,

Or, toutes ces lois internationales ont été inspirées et encouragées par l'extension de l'intérêt des peuples au delà de leurs frontières, elles sont toutes issues de congrès qui ont été fondés sous le patronage de techniciens ou de parlementaires qui représentaient les intérêts de leurs nationaux. De la décision de ces congrès est sorti un code international, dont le développement forme les premières bases de la vie internationale. Les lois internationales ne sont pas l'œuvre d'un caprice mais les fonctions d'un organisme de confiance, nécessité par les besoins des rapports sociaux : plus le progrès mécanique contribuera au rapprochement des relations entre les hommes et qu'ils étendront dans les États voisins le cercle de leurs communications plus il sera nécessaire que la confiance et la sécurité règnent entre eux, et par ce fait que le développement de la législation internationale se complique, plus ils devront retirer de profits matériels et moraux, en échange de cette organisation internationale.

Ces congrès périodiques, timides dans leurs débuts, étaient en parfaite harmonie avec la circulation internationale de la première partie du xixe siècle. Maintenant ils sont devenus insuffisants. Le progrès mécanique et le progrès intellectuel ont subi une marche ascendante. La circulation internationale est devenue 30 ou 40 fois plus forte qu'elle ne l'était au moment de l'institution 'es premiers congrès : il est actuellement de toute nécessité pour faire face à la circulation actuelle, de créer un organisme international ayant des représentants, nommés pour un certain nombre d'années ou à vie, siégeant en permanence, comme les parlements des États, avec pleins pouvoirs accompagnés de la confiance que leurs représentants respectifs leur auront accordée, pour proposer, discuter, confectionner des lois d'intérêt général, communes à tous les hommes, à tous les peuples, et de créer un Droit public international en rapport des besoins de la circulation internationale.

Comme nous venons de le démontrer, le Parlement international n'est donc pas seulement une utilité, *il est une nécessité pour le développement de la circulation internationale*, il porte en soi la fondation d'une œuvre de paix, car il ne peut y avoir de relations entre les hommes, qu'autant que les hommes tomberont d'accord sur des principes communs. Il doit être composé des plus grands juristes, des hommes les plus éminents de tous les peuples. Chacun de ces représentants connaissant les droits, les devoirs et les besoins du peuple qu'il représente, l'on ne saurait donc mieux choisir, pour confier les intérêts politiques des peuples, trancher les différends qui peuvent s'élever entre eux, et participer à une œuvre de paix universelle, basée sur les vrais principes du Droit.

Le Parlement confédéral ainsi fondé, la diplomatie secrète deviendra une diplomatie publique, chaque peuple pourra exposer par la voie de ses représentants, ses plaintes, ses griefs, ses dommages, demander justice, *réparation et sanctions;* les parlementaires qui représenteront la partie adverse, défendront leurs droits, le Parlement enquêtera sur la nature du préjudice et tranchera les différends au mieux des États intéressés; l'œuvre de Vérité, de Justice et de Paix serait ainsi fondée.

Essai d'une déclaration du Droit des peuples.

PRÉAMBULE.

Afin de faciliter son œuvre de paix, montrer la sincérité de ses principes et en même temps, recevoir la confiance de tous les peuples, le Parlement confédéral inscrit en tête de sa constitution, les éternels principes du Décalogue de Moïse, qui sont les vrais principes d'honneur, d'humanité et de vertu, sans lesquels rien de durable et de juste ne peut exister.

En outre, le Parlement déclare ce qui suit :

1° Tous les peuples sont égaux en droit devant la suprême justice internationale.

2° Les lois issues de la Confédération des Peuples, sont des lois d'intérêt international : tous les peuples doivent donc se conformer aux décisions du Parlement confédéral.

3° Le Parlement confédéral ne devra pas s'initier dans la législation intérieure des États confédérés : ceux-ci pourront s'administrer suivant les mœurs et coutumes qui leur sont propres, sans que jamais le Parlement n'ait à intervenir dans leurs débats parlementaires.

4° Pour faciliter l'œuvre de justice internationale, la Constitution déclare la liberté des peuples : chaque peuple de même race, de même langue, de même religion doit se gouverner soi-même et avoir des représentants au Parlement confédéral, s'il a donné des preuves qu'il peut s'administrer politiquement soi-même, dans le cas contraire, il est considéré comme peuple en tutelle et sera représenté par des parlementaires de sa métropole.

5° La diplomatie secrète n'offre aucune garantie aux principes de la justice, toutes les délibérations parlementaires devront être publiques.

6° Aucun État n'a le droit de se faire justice soi-même, la justice est accessible et gratuite pour tous les États, tous les États ont le droit de demander, par la voie de leurs représentants respectifs, que justice leur soit rendue pour les dommages qui leur auraient été causés, en conséquence, toutes les affaires d'intérêt international qui seront soumises au Parlement seront examinées avec le plus grand esprit de justice et d'équité ; après enquête parlementaire, les jugements seront rendus au mieux des intérêts de chacune des parties, et ils comporteront, s'il y a lieu, des réparations et des sanctions.

7° La Confédération comprend dans son sein, des peuples de religions différentes, des opinions politiques les plus opposées, le Parlement reconnaît la liberté de tous les cultes et la liberté de toutes les opinions politiques, elle s'interdit donc le droit de discuter toutes questions politiques ou religieuses, et de formuler aucune loi sur la liberté de penser.

8° La sécurité intérieure et extérieure des États, est garantie par une force armée internationale.

Nous n'avons pas voulu, dans l'exposé de ces principes, faire un précis, ce serait un travail au-dessus de nos forces, nous resterons dans la modestie que comporte le titre de cet ouvrage, les principes du Droit des peuples sont sacrés et nous croirions profaner si nous poussions plus loin cette exposition. Quand on songe, que la Convention en 1789, pour composer la Déclaration des Droits de l'homme, réunit une commission des meilleurs juristes du Parlement, que leurs travaux durèrent un mois, que chaque article, chaque mot fut pesé à sa juste valeur. Que l'on juge de notre embarras et combien nous nous sentons modestes, quand il s'agit d'établir les Droits des peuples du monde, selon les intérêts et les besoins qu'éveille une foule de principes, tous respectables. Ces Droits ne peuvent sortir que de la délibération des représentants des peuples assemblés. Ce serait donc un orgueil stupide, que de penser qu'un seul homme, puisse déclarer des principes définitifs en dehors de ceux du Décalogue : il n'y a point de principes définitifs. L'on peut du reste bien s'en rendre compte, en relisant les œuvres des grands législateurs, dont les noms se sont immortalisés jusqu'à nous. Telles sont les lois de Lycurgue, de Solon, de Caton, qui représentaient à ces époques toute la sagesse grecque et romaine, et dont la plupart ont tellement perdu de leur valeur qu'elles nous paraissent stupides. Il est bien probable que dans un siècle ou deux, on parlera de la diplomatie secrète, comme d'une institution archaïque, et qu'elle sera prise en aussi mauvaise part que l'État féodal. Aussi doit-on considérer l'exposé de nos principes, comme un vœu humanitaire que notre raison seule nous a dicté.

En conséquence, nous suggérons aux peuples

d'accepter comme base des principes de la Constitution la proposition suivante :

A la tête de toute institution politique, il faut un chef représentatif du pouvoir, qu'il se nomme président, roi ou empereur, le nom ou le titre n'a aucune importance, toute son autorité réside dans les pouvoirs qui lui sont attribués : on peut être président d'une république et avoir les mêmes pouvoirs absolus qu'un monarque ; on peut être roi et même empereur et ne disposer que des droits limités à une démocratie, le principe le plus cher à tout homme, comme à toute nation, c'est la liberté, or, une nation, ne saurait aliéner sa liberté et ses droits. Si elle accepte la forme de l'association, c'est pour en tirer plus de justice, plus de sécurité, plus de bonheur. Les lois internationales ne peuvent émaner d'un seul homme, ou alors, ce ne serait plus une confédération libre ; les pouvoirs du chef confédéral, doivent être limités aux pouvoirs démocratiques les plus restreints, ou mieux encore au pouvoir honorifique.

Comme nous venons de le dire, la Confédération internationale devra se reconnaître un chef représentatif du pouvoir. Pour éviter les difficultés d'une élection mondiale qui placerait presque généralement à la tête du pouvoir l'homme le plus en vue du pays le plus peuplé et qui formerait ainsi comme une dynastie nouvelle. Pour éviter les abus, les corruptions, les billevesées des intrigants, qui ne manqueraient pas de chercher à s'emparer du pouvoir suprême, et toutes les fourberies qui naissent au sein des élections, le pouvoir suprême devrait être confié à vie, au doyen des souverains ou des présidents de république, ayant exercé le pouvoir pendant au moins cinq ans. la majesté du pouvoir serait entourée d'honneurs en rapport avec la dignité de cette haute situation, en conséquence, les appointements qui vont avec une telle charge, devraient être au moins égaux aux plus hauts honoraires accordés aux souverains. Nous ne contestons pas que ce serait d'un grand luxe. mais pour rester dans l'ordre social établi, le luxe a toujours été l'apanage de l'autorité.

Comme dans tous les États modernes. le pouvoir exécutif serait confié à un conseil des ministres, dont les membres seraient choisis parmi les parlementaires les plus aptes à remplir l'emploi de leur haute situation ministérielle, les ministres ne resteraient attachés à leur charge qu'autant que la majorité des parlementaires, leur accorderait leur confiance. Comme dans tous les États modernes, les ministres dépendraient donc entièrement du Parlement et leurs fonctions seraient exclusivement réservées à des travaux de justice, d'ordre et d'utilité internationale. Le ministère pourrait se décomposer ainsi :

Un président du Conseil, détenant le portefeuille de la Haute Justice et de la Morale politique internationale.

Un ministre de la Force armée.

    —   des Transports terrestres, maritimes et aériens.

    —   des Finances.

    —   des Peuples en tutelle.

    —   du Commerce et de l'Industrie.

Tous les autres ministères, Agriculture, Travail, Instruction publique, Beaux-arts, Cultes, Travaux publics, etc... qui relèvent du bon fonctionnement des États, seraient une charge arbitraire, sinon tyrannique, qui viendrait faire double emploi avec les ministères des États et pourrait leur porter ombrage, ou peut-être entraver leur liberté légitime; en conséquence, toutes les fonctions ministérielles qui ne seraient pas de pur intérêt international, devront être soigneusement écartées de la Constitution.

Les parlementaires sont les représentants du peuple et la législation est l'œuvre du Parlement; une Confédération internationale doit donc comprendre en principe les représentants de tous les États. Chaque État, petit ou grand, doit collaborer à l'œuvre commune. En conséquence, chaque État doit envoyer un nombre de députés en rapport du chiffre de sa population. Suivant des coutumes établies et qui varient avec les États, les élections des députés se font généralement au premier ou au deuxième degré. Dans certains pays, les femmes prennent part aux élections législatives, dans d'autres aux élections municipales seulement. Des États exigent que les électeurs sachent lire et écrire, d'autres excluent certaines catégories, par exemple, ceux qui ne payent pas certains impôts, etc.... On peut dire, qu'il y a autant de manière de voter qu'il y a de pays différents. Il est donc impossible d'avoir recours au suffrage universel international, sans avoir des ruptures d'équilibre. Mais grâce aux statistiques, nous savons approximativement, le nombre des habitants de chaque pays; puis nous savons que tous les pays civilisés, ont une ou plusieurs assemblées parlementaires, et ils semblent avoir à peu près les mêmes droits, la même autorité dans tous les parlements; c'est donc dans leur sein, sous leur propre autorité et leur propre responsabilité qu'ils devront choisir, pour envoyer au Parlement confédéral, les membres qui leur paraîtront les plus éminents et les plus expérimentés dans la connaissance des lois, parmi ceux qui font profession de perfectionner, de corriger, d'améliorer le code ou de préférence, parmi les anciens ministres ou les membres des académies des sciences morales et politiques.

Le projet que nous avons exposé est fondé sur les principes du Décalogue, mais ce n'est pas une théocratie, aussi, afin d'éviter les discussions religieuses qui pourraient naître au milieu d'un parlement comprenant des hommes de toutes les religions, on devra en exclure les membres du clergé, à n'importe quelle religion qu'ils appartiennent.

Afin d'éviter l'encombrement de la salle des séances, par un trop grand nombre de parlementaires, chaque État, devra présenter au Parlement confédéral, un député par quatre millions d'habitants de sa métropole ou de ses colonies, le quotient pourrait être représenté par un député, mais chaque fraction ne serait pas inférieure à un million, le chiffre de cette représentation proportionnelle nous a paru suffisant, quoiqu'il puisse être élevé ou descendu. Selon les données plus ou moins exactes que nous avons établies, on arriverait de cette sorte, à composer une assemblée d'environ 500 à 550 membres, ce qui paraît suffisant pour assurer le bon fonctionnement des délibérations confédérales.

Le siège du gouvernement confédéral, doit être indépendant des États, c'est-à-dire que sa résidence doit être établie sur un territoire international, sur lequel sera édifié une ville pour la résidence du chef du gouvernement, l'installation des ministères, des chambres de délibérations, des monuments pour les services internationaux. La somptuosité des édifices devra être en rapport avec l'importance de la résidence princière, car on ne doit pas oublier que le monde entier doit avoir constamment les yeux tournés, vers ce qui représente pour lui : la Justice, l'Ordre et la Paix.

Quoi qu'il en soit, le Conseil de la Société des

Nations a cru devoir choisir Genève comme lieu de résidence. Pour notre part, nous aurions préféré Versailles qui est un point plus central, desservi par un rayon de lignes télégraphiques et téléphoniques, ainsi que par un réseau de chemin de fer, dont les ramifications s'étendent aux points les plus opposés de l'Europe, et un réseau de routes bien supérieur à celui de la Suisse; à proximité d'un fleuve navigable, de rivières et de canaux qui par leurs jonctions relient les points principaux d'une vaste contrée. Enfin, par la somptuosité de ses édifices, Versailles est la plus belle résidence princière du monde, elle est à proximité de la plus grande ville intellectuelle, et peut-être la plus riche en documents, livres et collections de toute nature.

ESSAI D'UNE ARMÉE INTERNATIONALE

L'on représente généralement la Justice armée d'un glaive, mais la justice, n'est pas la tyrannie, ou autrement ce ne serait pas la justice.

Tout le monde a le droit de demander que justice lui soit rendue, mais personne n'a le droit de la faire soi-même. Dans une Confédération internationale, basée sur les principes du Droit, le Parlement devra rendre des jugements équitables, et l'armée sera son glaive; car, il n'y a personne de raisonnable, qui saurait concevoir comme au Moyen-âge, un combat singulier, où l'on s'en rapportait à ce que l'on appelait à cette époque : la justice de Dieu; pas plus qu'on ne saurait concevoir la punition d'un coupable par la vendetta.

C'est cependant sous ces régimes, que les peuples ont vécu depuis le commencement du monde, c'est-à-dire, sans principes de droits reconnus entre eux : les peuples étaient à la fois juges et partis.

L'armée sera donc le glaive du droit, autrement dit une armée internationale, relevant de la justice suprême ou du Droit international. Pour justifier l'équité de sa cause, sa composition devra être complètement internationale.

Dans les débuts de la Confédération, sa composition sera formée des éléments divers, qui auront voulu volontairement se joindre à l'œuvre commune. Les États s'emploieront de leur mieux à participer à sa formation; c'est ainsi, qu'en signe d'alliance indissoluble, et en même temps que pour prouver la confiance mutuelle, qui doit les guider, ils remettront sous la sauvegarde de la Confédération internationale, tout ce qu'ils possèdent de matériel de guerre : les armes, les munitions, le matériel d'aviation militaire, les arsenaux, les places fortes, etc. La Confédération, de son côté, disposera avec équité de la nouvelle armée, suivant les besoins et les ordres émanant de la justice suprême. C'est ainsi qu'elle aura le droit de s'installer sur n'importe quel territoire qui lui plaira, qu'elle pourra exproprier tous les endroits qui lui paraîtraient à sa convenance, et en cas de trouble, de disposer des ports, des chemins de fer, des télégraphes, et de tout ce qui peut paraître utile pour rétablir l'ordre, mener à bien une répression, et préserver la vie ou la propriété de tous ceux qui se sentiraient menacés par une collectivité. Ernest Renan s'exprimait ainsi dans la *Revue des Deux-Mondes* du 15 septembre 1871 : (Un pouvoir central n'a pas été assez fort pour empêcher les guerres terribles. Il faut qu'il le devienne. Le rêve des utopistes de la paix : un tribunal sans armée pour appuyer ses décisions est une chimère, personne ne lui obéira).

L'armée internationale devra suffire à ses propres besoins, et éviter autant que possible, d'avoir recours à l'industrie privée pour conserver ses secrets de fabrication. L'armée internationale pourrait être composée de deux fractions distinctes : Une formation technique, et une formation active.

La formation technique serait chargée de l'entretien des arsenaux, de la fabrication des armes et des munitions, de la construction des forts ou des navires de combat, de l'emmagasinement des vivres, des effets d'habillement et de l'équipement militaire, ainsi que de l'entretion du matériel de guerre. Le personnel de cette formation, ingénieurs, contre-maîtres, ouvriers serait militarisé, afin que la Confédération puisse compter sur sa discipline en cas de troubles. Aucune association politique, économique ou religieuse ne serait permise. L'on devra joindre à cette formation, un service de renseignements, toujours en éveil, chargé de rechercher les fabriques d'armes ou de munitions clandestines qui peuvent surgir de l'industrie privée, de découvrir les coups de main toujours possibles qui fermentent au sein des États. D'autre part, afin de réprimer plus facilement les rébellions, d'éviter les effusions de sang, toujours pénibles, l'armée technique interdira la vente au public des armes de guerre, puis tiendra sur des registres, la nomenclature des possesseurs d'armes de chasse ou de défense, chacune de ces armes matriculée ne pourra être vendue ou échangée sans que la mutation en soit faite ; l'on n'enlèverait par conséquent nullement la liberté des citoyens, mais dans des cas de troubles, l'on diminuerait considérablement l'étendue du conflit d'une région en faisant déposer provisoirement les armes à ceux qui les possèdent. Comme les armes ne seraient délivrées qu'à des personnes qui n'auraient encouru aucune condamnation infamante. L'on diminuerait de cette sorte les attentats des criminels isolés. Afin de conserver le personnel de la formation technique le plus longtemps possible au service de la Confédération, les hommes qui le composeraient seraient admis, moyennant certains engagements, les salaires seraient en rapport de l'industrie privée, puis l'on y joindrait une retraite, après vingt-cinq ou trente années accomplies sous des climats tempérés, ou quinze ou vingt ans, dans les climats intertropicaux.

L'armée active sera l'armée de combat, elle devra autant que possible, être formée sur le modèle des armées défensives: c'est qu'en réalité elle ne sera qu'une armée de répression et qu'une armée internationale ne saurait être une armée offensive, c'est-à-dire une armée provocante; son recrutement international comprendrait comme les armées des États modernes, suivant les besoins de la stratégie internationale: de l'infanterie, de la cavalerie, de l'artillerie, de la marine et des armes spéciales.

Les officiers formés dans des écoles militaires, recevraient toute l'instruction que comporte leur art; l'on y joindrait des cours de stratégie internationale, d'ethnographie, ainsi qu'une connaissance parfaite de la langue adoptée; l'on pourrait y ajouter quelques leçons de Droit international, pour leur enseigner des principes de justice en rapport avec le rôle moral qu'ils ont à accomplir dans la société.

Les sous-officiers et les soldats seraient recrutés, sans distinction parmi tous les hommes capables de porter les armes et qui voudraient prendre du service dans l'armée internationale. L'armée devra être essentiellement composée d'engagés volontaires c'est-à-dire de soldats de métier. Quand le nombre des engagés sera assez considérable, que le haut commandement croira pouvoir faire un choix approprié, il devra s'attacher à recruter de préférence, parmi les peuples qui, par des tendances naturelles se font un honneur de porter les armes, ce sera le meilleur moyen d'utiliser les aptitudes; les chefs ne devront tenir compte ni de la couleur, ni de la race, les hommes nés sous les tropiques seront plus résistants pour maintenir l'ordre dans ces contrées et par réciprocité, ceux nés dans des régions plus froides auront moins à souffrir de la dureté des climats. Il est écrit au commencement des livres militaires français : (la discipline est la force principale des armées, etc.) nous ne saurions rien ajouter à cette définition, car la discipline entretenue par l'action, c'est-à-dire l'habitude que les subordonnés ont contractée dans l'obéissance passive est le meilleur moyen d'entretenir l'audace, la bravoure et l'esprit militaire dans les troupes. C'est ainsi que pour conserver à ces armées leur esprit international, il serait bon de changer les garnisons tous les ans, ou tous les deux ans ; l'on enlèverait de cette sorte, l'esprit de mollesse et de routine, toujours pernicieux aux armées permanentes. La solde serait une solde de paix ou une solde de guerre, suivant les circonstances, les besoins ou les risques à courir. Comme leurs camarades de l'armée technique, les hommes auraient droit à une retraite, au bout d'un certain nombre d'années passées aux armées, suivant que le service aurait été accompli dans des régions tropicales ou tempérées ; après quoi ils pourraient concourir suivant leur demande et leurs aptitudes dans des emplois nationaux ou internationaux, soit pour des postes de confiance ou de gardiennage.

L'on a beaucoup discuté sur la qualité des armées de métier, ceux qui étaient chargés d'instruire leur procès, leur ont trouvé tous les défauts. Cependant leur formation est aussi vieille que la création des armées. Toute l'Histoire ancienne n'est qu'une longue histoire, à la gloire des mercenaires ; les armées du Moyen-Âge et des temps modernes en étaient presque exclusivement composées. Napoléon avait de nombreux mercenaires dans ses légions ; presque toutes les conquêtes coloniales du xixᵉ siècle ont été faites par eux. L'éloge de la Légion étrangère française n'est plus à faire. Si notre souvenir est fidèle, les premières armées issues du service obligatoire ont été instituées pour la première fois en Prusse par le roi Sergent, depuis elles ont gagné presque tous les États de l'Europe. Toutefois, l'Angleterre et les États-Unis d'Amérique ont toujours eu recours à des mercenaires, et nous ne croyons pas leur adresser une flatterie en disant que ce sont les deux États les plus puissants du monde, par leur richesse d'abord, ce qui justifiait les paroles de Montesquieu : (l'augmentation désordonnée des troupes ruine tous les pays de l'Europe). D'autre part, ces deux pays ont su conserver sous leur domination, avec un très petit nombre de soldats, une population qui dépasse

le quart de la population mondiale, répartie sur
un territoire qui représente approximativement
le tiers de la superficie terrestre, c'est donc de
la formation et même de la stratégie de ces armées que devront s'inspirer les chefs de l'armée
confédérale.

Les contingents de l'armée active devront
être répartis sur la surface mondiale, selon la
densité de la population, près des grosses agglomérations, dans les pays où les mœurs barbares
ont subsisté, ou près des peuples en tutelle.
Afin de limiter autant que possible l'importance
des conflits, l'armée internationale devra occuper tous les points stratégiques, toutes les
grandes routes du monde ; c'est ainsi qu'elle s'é-
tablira dans les forts qui gardent les défilés,
dans les ports qui peuvent servir de base à sa
marine, ou dans les places fortes qui ont une
importance au point de vue stratégique ; de
même, elle prendra possession des îles qui sont
situées sur les grands sillages maritimes, où elle
devra fonder des entrepôts en vue de ravi-
tailler et d'approvisionner les contrées lointaines ; elle devra également occuper les détroits ;
tels sont les détroits du Sund, du canal de Kiel,
le Pas-de-Calais, les détroits de Gibraltar, des

Dardanelles et du Bosphore, du canal de Suez, les détroits d'Aden, de Malacca et de Torrès, ainsi que les fortifications du canal de Panama etc. etc. Elle pourra en outre, pour faire face à ses moyens de défense réquisitionner tout ce qui sera nécessaire pour la conduite de ses opérations, le matériel des ports, des chemins de fer, les postes de transmission électrique de toutes espèces, les usines et tout ce qui est nécessaire au bon fonctionnement des armées en campagne. C'est toute une stratégie qui n'est pas nouvelle, car l'Angleterre en connaît déjà en grande partie tous les secrets.

La Confédération, dégagée des intrigues de la diplomatie, la justice établie sur les principes de la loi morale diminuera considérablement les causes de conflit entre les peuples, à l'exception des criminels isolés dont la répression sera confiée aux polices des États, l'armée internationale n'aura plus à combattre que quelques troupes d'hommes absolument réfractaires à la civilisation, des troupes de partisans, ou des guerres civiles, sous la conduite d'hommes dont les droits sont plus ou moins avérés, et qui terrorisent les pays par leur despotisme, des troupes de brigands ou d'aventuriers qui, pour justifier le bien fondé de leurs causes, se retranchent derrière les opinions politiques, des conflits entre hommes de diverses couleurs ou de races différentes; ces sortes de conflits engendrés par des haines séculaires sont les plus délicats, et ont besoin d'être traités avec beaucoup de discernement, car il est souvent difficile de discerner celui qui a tort de celui qui a raison; ils relèvent tous de la haute justice confédérale; puis, les conflits ridicules et stériles, qui peuvent surgir des luttes de classe, et qui ne servent ordinairement que les intérêts des meneurs, car il est dit dans l'Écriture : (Il existera toujours des riches et des pauvres parmi vous). Puis, encore, les conflits religieux qui ont perdu beaucoup de leur importance, mais qui malgré cela peuvent toujours surgir de leurs cendres, surtout entre peuples peu avancés en civilisation, enfin, des troupes d'assassins et de pirates, qui purement et simplement s'attaquent à la vie de l'homme, quel qu'il soit : tels ont été au siècle dernier les célèbres étrangleurs du Bengale, tels sont encore actuellement, les pilleurs des caravanes de la Mongolie et du Tibet ou ceux du Sahara. Tous ont de bonnes raisons pour justifier leurs exploits, leurs iniquités ou leurs crimes : les uns par routine s'opposent à la pénétration du progrès humain dans leur pays, sous prétexte que les blancs veulent détruire la civilisation de leurs pères ; les autres prétendent détenir la meilleure forme de gouvernement et renverser leurs prédécesseurs par la force, sans vouloir tenir compte du vote des électeurs ; d'autres, parce qu'ils ne sont pas de même couleur, de même race ou qu'ils ne parlent pas la même langue ; comme si tous les hommes n'avaient pas été créés sur le même modèle, et n'avaient pas tous les mêmes droits à la vie ; d'autres prétendent détenir la meilleure religion, et cependant, comme nous l'avons démontré, toutes les religions partent d'un principe commun : La loi de Moïse. Malgré toutes ces iniquités qui ne sont dans les peuples qu'un reste d'ignorance, les conflits seront limités à un très petit nombre de combattants, puisque l'armée pour en prévenir le retour, devra interdire la vente des armes de guerre, et même contrôler les armes de chasse et de défense. Du reste, tout réfractaire aux lois confédérales, toute troupe prise les armes à la main seront jugés par des conseils de guerre et punis comme rebelles.

Les hommes ont toujours comblé d'honneur et de gloire, leurs fidèles défenseurs. Suivant les coutumes instituées chez les peuples, la Confédération internationale devra rendre hommage à la valeur de ses plus vaillants soldats, les récompenses devront être les mêmes que celles qui ont été accordées jusqu'à ce jour, car il n'y en a pas d'autres pour honorer le dévouement. C'est ainsi que pour rémunérer les dangers des champs de bataille, et encourager l'héroïsme dans les armées, l'on a accordé des dignités en rapport de la bravoure, et que l'avancement dans la hiérarchie militaire est, avec les signes distinctifs des décorations, ce que l'on a trouvé de plus flatteur pour l'amour-propre des soldats. Toutefois, nous croyons devoir ajouter, que des décorations exclusivement militaires seraient beaucoup mieux reçues dans l'armée, que si les mêmes sont également données à titre civil.

Afin de diminuer l'importance des conflits entre les États, l'on a beaucoup parlé ces temps derniers, de la limitation des armements; pour nous, nous n'apportons aucune foi dans cette méthode pour diminuer les conflits entre les peuples.

Nous voulons bien admettre que les États représentés au Congrès s'engagent d'un commun accord à limiter ou à ne pas dépasser telles conditions d'armement, qu'ils feront de leur mieux pour respecter le traité qu'ils auront signé. Mais n'oublions pas qu'ils le respecteront tant qu'ils ne se sentiront pas menacés, que pour les remettre dans l'obligation de tenir leurs engagements, l'on sera obligé d'avoir recours à la menace ou à la force; donc, pour éviter un conflit, l'on en ouvre un autre; comme généralement, les États hésitent toujours avant de se lancer dans une pareille aventure, l'on a recours également à de nouveaux armements pour rétablir l'équilibre; le traité se trouve donc rompu.

Autre raisonnement. L'art militaire, comme les autres sciences fait des progrès journaliers; si un inventeur d'armes militaires découvre un fusil nouveau modèle, un canon plus perfectionné ou un explosif plus puissant que les précédents, l'État pour rester dans la logique du traité, ne devra apporter aucun perfectionnement à son armement pour ne pas rompre l'équilibre. Croyez-vous que nous soyons assez simples, pour penser qu'il sera assez scrupuleux ou assez vertueux, pour ne pas ajouter à ses moyens de défense, une arme nouvelle qui le rende supérieur à son voisin. Ce serait s'abandonner soi-même à la routine. Dans l'art militaire, comme dans toutes les autres sciences, le progrès appelle le progrès: celui qui reste en arrière se condamne inévitablement; il faut marcher toujours en avant: le progrès est une loi à laquelle nous sommes entraînés malgré nous.

Mais cependant, me direz-vous, l'on peut diminuer le nombre des hommes sous les drapeaux! Oui, l'expérience a démontré que pour instruire et discipliner un homme quelques mois seulement étaient nécessaires à son éducation militaire, à condition que la jeunesse soit entraînée par des exercices sportifs, des sociétés de tir ou de préparation militaire, que l'on possède une armée de métier, toujours en forme, des cadres d'officiers d'active et de réserve tout prêts pour l'entrée des armées en campagne, un matériel de guerre en parfait état, accompagné de pièces interchangeables, des munitions en aussi grande abondance qu'il est nécessaire pour alimenter des bouches à feu modernes, des usines qui pourront dès le lendemain d'une déclaration de guerre, être converties en arsenaux, un plan de mobilisation qui emploie et mette à leur place toutes les énergies et toutes les aptitudes. Dans ces conditions, l'on peut réduire la durée du service à quelques mois, c'est bien vrai! Mais où en est le progrès moral dans tout cela? Les jeunes gens y gagneront quelques mois de service, la belle affaire, puisque la machine à tuer sera plus formidable que jamais et que la catastrophe sera toujours en rapport de la grosseur de la machine.

ESSAI
SUR LE LIBRE ÉCHANGE INTERNATIONAL

Suivant des lois qui lui sont propres, la nature a réparti sur la terre, tout ce qui est nécessaire aux hommes pour vivre. Suivant la rigueur ou la clémence des climats, elle a placé les animaux et les végétaux dans les lieux qui leur sont propices; suivant la nature de ses évolutions, elle a enfoui dans certains terrains les minéraux qui lui sont utiles; l'ensemble des produits du règne animal, végétal et minéral forme un tout que la nature nous donne gratuitement, mais dont nous ne pouvons disposer que par l'effort; le travail est donc une loi naturelle, implacable, qui nous a été imposée pour assurer notre existence.

La nature s'est spécialisée dans les produits de son sol. C'est ainsi qu'elle a voulu que certains animaux, végétaux ou minéraux soient plus aptes à se développer dans certaines contrées plutôt que dans d'autres.

Suivant des lois qui nous sont à peu près inconnues, elle s'est sélectionnée au point de former pour ainsi dire autant de crûs différents qu'ils y a d'espèces et de contrées sur la terre. C'est ainsi que dans le règne animal, pour donner un exemple des plus frappants, la culture du ver à soie, l'élevage du mouton, de certains animaux domestiques ou sauvages donne des résultats plus appréciables dans une contrée que dans d'autres; dans le règne végétal, la culture du blé, de la vigne, du coton, du riz, du café, du thé, du maïs, du tabac, donne dans les contrées qui lui sont le plus favorables, des produits supérieurs et qui sont justement recherchés à cause de leur qualité. Si la nature s'est spécialisée dans ses productions, les hommes ont reconnu bientôt tout le profit qu'ils pouvaient retirer de ces dons; aussi se sont-ils attachés à élever, perfectionner et développer ce que la nature leur avait prodigué.

Les spécialités auxquelles ils se sont attachés ont amené dans les pays d'origine de ces produits, la surproduction, c'est-à-dire une production plus grande que leur consommation personnelle ne l'exigeait. Ils eurent donc recours à l'exportation et échangèrent le surplus de leur consommation dans d'autres contrées, contre des produits qui étaient en trop grande abondance; l'échange de ces produits a formé ce que l'on appelle l'exportation et l'importation.

Les besoins de l'homme sont à peu près insatiables, c'est-à-dire que plus il a de produits à consommer, plus il veut en avoir, autrement dit, plus il est riche, plus il veut le devenir; c'est une règle à peu près générale que nous constatons au fur et à mesure que la civilisation se développe; mais les objets de consommation ne sont accessibles au plus grand nombre d'hommes, qu'autant qu'ils sont en abondance dans le commerce, c'est-à-dire qu'ils sont bon marché. Les États, voyant que les produits des pays voisins étaient très demandés et même étaient devenus par l'habitude indispensables à certains hommes, établirent le long de leurs frontières, des barrières douanières, ou plutôt des impôts, afin de prélever un droit d'entrée, sur des marchandises d'importation et de combler le déficit de leur budget. Tous les États en firent bientôt autant; généralement par droit de représailles, qu'ils exerçaient les uns envers les autres.

Au fur et à mesure que les besoins budgétaires devenaient de plus en plus pressants, les États augmentaient leurs tarifs douaniers, comme un impôt facile à percevoir. En même temps, le prix des marchandises d'importation haussait en proportion de l'élévation des droits de douane; les marchandises similaires, dans les pays protecteurs, augmentaient de valeur, à la grande joie des marchands. Il s'en suivait donc un cherté constante de la vie. Pour étouffer les cris des consommateurs, et maintenir dans l'ignorance des lois économiques le plus grand nombre, les États déclaraient, que c'était pour empêcher les salaires de s'avilir, ou pour protéger certaines industries contre la concurrence étrangère, pour empêcher la surproduction, de sorte que les États à régime protecteur entretenaient certaines industries dans la mollesse, leur enlevant toute initiative et toute défense commerciale, les livraient pieds et poings liés à leurs concurrents étrangers, leur fermaient les marchés mondiaux, si bien qu'on les a comparées souvent à ces plantes de serre, qu'on élève à grands frais pour défier la nature. Le consommateur, de son côté, se trouvant maintenu, resserré jalousement et chichement à l'abri de sa barrière douanière, n'apercevant que dans un rêve les bienfaits et le développement du progrès industriel des autres États; il s'en est suivi qu'il a toujours végété, piétiné sur place, et qu'il s'est toujours trouvé en retard sur les pays de libre échange.

D'autre part, les États, en élevant les droits de douane, ont voulu conjurer les crises industrielle et éviter ainsi la surproduction; c'est du moins un des prétextes qu'ils donnent. Or, nous prétendons qu'il n'y a jamais eu dans aucune époque de surproduction, puisqu'il y a dans toutes les contrées du monde et même dans les provinces d'États avancés en civilisation, des milliers et des milliers de malheureux qui n'ont pas une nourriture suffisante, qui manquent de vêtements et de produits de première nécessité: il n'y a donc pas de surproduction; il y a engorgement dans les pays producteurs, et cet engorgement est provoqué par les restrictions que les peuples sont obligés de s'imposer, à cause de la surélévation des tarifs douaniers, qui augmentent d'une façon anormale la cherté de la vie.

Par le jeu simultané des représailles douanières, les États à régime protecteur ont augmenté considérablement leurs ressources budgétaires : mais en empêchant le libre jeu de la concurrence, ils ont diminué d'autant le commerce d'exportation et d'importation ; ce qu'ils ont gagné d'un côté, ils l'ont perdu de l'autre, puisque par l'effet du libre échange, la production devrait être d'autant plus grande, qu'il y aurait plus de richesse, la matière imposable, étant plus commune, les États récupèrent leurs ressources sur la fortune acquise, et non sur la fortune à faire, cela revient au même diront certains financiers ? Non, car le public a à sa disposition moins de produits à consommer, autrement dit, il est moins riche ; le calcul est donc mauvais, car les États prennent sur le pauvre, et il rend peu, tandis que dans l'autre cas, ils pourraient prendre sur des hommes plus riches, il y en aurait davantage, et les impôts rendraient plus, avec moins de charges pour le contribuable.

Les sciences économiques sont des sciences trop jeunes, pour que nous puissions faire des comparaisons utiles, juger des avantages et des inconvénients du libre échange, dans les civilisations qui nous ont précédées. L'établissement des droits protecteurs doit remonter aux époques les plus reculées. Si nous nous reportons au livre de Confucius, il semble que les sages de cette époque, pas plus que ceux d'aujourd'hui n'aient envisagé le régime protecteur comme un bienfait. Voici ce que nous lisons dans cet ouvrage: Meng-Tsen, chap. III, art. IV. (Si aux passages des frontières, on se borne à une simple inspection, sans exiger de tribut ou de droits d'entrée, alors tous les voyageurs de l'empire seront dans la joie et désireront voyager sur les routes du prince qui agira ainsi). Il est évident que si nous jetons un regard en arrière et que nous voyons les finances d'avant-guerre, dans les pays à libre échange, tels que l'Angleterre, la Belgique et la Suisse, nous pouvons voir que dans ces pays de libre échange, surtout en Belgique et en Suisse, les salaires y étaient moins élevés que dans les pays à régime protecteur, mais malgré ces salaires inférieurs, le peuple y était beaucoup plus heureux, nous voulons dire que la consommation des produits manufacturés y était plus grande et, pour cette seule raison, nous ne croyons pas que certaines industries aient eu besoin d'être protégées; nous ajouterons même que toute proportion gardée, la fortune acquise, y était plus développée.

Malgré toutes ces entraves, toutes ces barrières, toutes ces murailles artificielles que les États ont conservées par routine il ne se passe pas de semaine dans les parlements, qu'un député ne demande des crédits pour creuser un port, créer de nouvelles écoles de commerce, entretenir des agents commerciaux à l'étranger, et l'on n'en continue pas moins à élever jalousement des tarifs douaniers. (C'est comme disait Bastiat, si l'on attachait les quatre pieds d'un cheval pour le faire courir plus vite). Les tarifs protecteurs font la vie chère, étroite, empêchent les hommes de profiter des inventions des pays voisins; par les restrictions qu'ils imposent amènent la disette; par les tarifs de représailles créent le chômage et les troubles sociaux qui l'accompagnent.

Si les peuples veulent conserver la paix entre eux, éviter les représailles douanières qui divisent les États, accumulent des haines de jalousie qui conduisent aux guerres commerciales, les États devront imiter les peuples confédérés, c'est-à-dire que, suivant le Royaume-Uni, la Suisse, l'Allemagne, les États-Unis, le Brésil, ils devront vivre entre eux sous le régime du libre échange, en même temps qu'ils assureront la paix extérieure, ils assureront la paix intérieure par le jeu de la libre concurrence. L'homme débarrassé des entraves douanières, pourra acheter et vendre n'importe quel produit du domaine commun sans jamais donner aucune redevance aux frontières; libre enfin de disposer des produits de son travail, il pourra transporter ses produits sur le monde entier. Des contrées entières se spécialiseront dans une culture ou une industrie, l'on ne consommera plus que des produits de crûs, par conséquent ceux de qualité supérieure, puisque les produits similaires qui vivent à l'abri des tarifs douaniers seront éliminés par la concurrence naturelle. A la grande production de la nature l'homme joindra un outillage perfectionné en rapport avec les besoins de la contrée; les produits d'importation deviendront plus communs, les produits d'exportation plus recherchés, l'abondance régnera bientôt sur le monde, l'homme vivra donc à l'abri des besoins du lendemain. Avec l'abondance, la paix régnera dans les États confédérés. C'est alors seulement que l'homme pourra songer à diminuer sa journée de travail.

Il est incontestable, que les États modernes, ont besoin de grandes ressources pour alimenter

leurs formidables budgets, qu'une Confédération universelle dont les charges militaires
seraient réduites au minimum, diminuerait
d'autant les charges qui pèsent sur le contribuable, et que d'ici de nombreuses années, à
moins de conduire les États à une catastrophe
sans nom, il faudra lever de très lourds impôts
pour assurer les services publics et les arrérages des formidables dettes, que les conséquences de la guerre mondiale ont fait peser
sur les peuples.

Mais malgré tous ces besoins financiers,
nous n'en restons pas moins convaincus, qu'une
Confédération internationale, suivant l'exemple
des Confédérations déjà citées doit effacer d'une
façon radicale, et sans esprit de retour, toute
espèce de tarif douanier, ou alors ce ne serait
plus une Confédération. Pour éviter les fraudes
qui ne manqueraient pas de se produire sur certaines denrées de grande consommation qui
produisent de gros bénéfices aux États et qui
leur sont indispensables; tels sont le tabac, l'al-
cool, produits qui ne sont pas à ménager par le
fisc, parce qu'ils sont toxiques. Les États devront
s'entendre pour unifier le tarif de vente. La
fraude ne sera donc plus possible malgré

l'absence de barrières douanières, ou du moins elle ne dépasserait pas en importance celle qui existe actuellement à l'intérieur des États.

DE LA FINANCE INTERNATIONALE

ESSAI D'UNE MONNAIE D'OR ET D'ARGENT INTERNATIONALE

Depuis les époques les plus reculées, l'or et l'argent sont les seuls métaux que les hommes aient reconnus entre eux comme base de leurs transactions commerciales, ou en échange de services qu'ils se sont rendus les uns les autres. La valeur de ces métaux est purement conventionnelle, et malgré cela, les hommes n'ont jamais ménagé leurs souffrances et leurs forces pour les acquérir, comme s'ils étaient attirés par une loi naturelle, vers les mêmes besoins.

Il n'en est rien cependant. L'or et l'argent ont été acceptés de tout temps, parce que ce sont les métaux les plus rares, ceux qui conservent leur uniformité de prix, que ce sont les plus faciles à transporter ou à dissimuler, à cause de leur grande valeur en rapport du petit volume qu'ils représentent, de leur indestructibilité par le peu d'oxyde qu'ils dégagent, et pour leur malléabilité qui permet de les convertir en monnaie ou en bijoux. D'autre part, ils sont faciles à reconnaître à la couleur, au toucher, au son et au poids; toutes ces qualités dont la nature les a favorisés, les ont fait placer par les hommes en tête de tous les métaux. C'est ainsi qu'ils ont été reconnus des savants comme des ignorants, dans les peuples civilisés comme dans les peuples barbares, et que, pour en faciliter l'usage, on les a convertis en pièces de monnaie de même module, de même poids, généralement frappées à l'effigie du chef de l'État émetteur. Sous le régime de la division des peuples, les États n'ayant aucune loi conventionnelle entre eux, chaque souverain adopta une convention monétaire particulière, si bien que pour faire passer une somme d'argent d'un État dans un autre, l'on était obligé d'avoir recours à un changeur et de lui payer une redevance, en échange du service rendu.

Aujourd'hui, depuis la création des grands établissements financiers, le change a presque disparu sur les monnaies métalliques et a été remplacé par la lettre de change. Malgré ces améliorations, les monnaies étrangères ont une valeur tellement différente les unes des autres, que leur usage comme monnaie de compte est subordonné à une grande habitude ou au degré d'instruction commerciale de ceux qui en font usage. Tout le monde connaît la monnaie métallique de son pays, parce que l'usage en est journalier, mais nous sommes certains que sur cent personnes prises au hasard, nous n'en trouverons pas une qui reconnaisse à première vue la valeur nominale d'un dollar, d'un rouble, d'une peseta ou d'un yen, et si c'est un coupon de rente étrangère ou un billet, le banquier donnera au change ce qu'il lui plaira, et généralement le client qui est incapable de vérifier son compte ne fera aucune objection. Nous avons connu des commerçants en gros de Paris qui s'abstenaient d'acheter des marchandises espagnoles qui leur étaient offertes, parce qu'ils s'embrouillaient dans le calcul des changes et qu'ils étaient incapables de faire leurs prix de revient. Tout le monde n'a pas le temps de se faire une instruction commerciale. Pour faire beaucoup, il faut marcher vite, et pour marcher vite, il faut aplanir les difficultés. Toutes les Confédérations ont unifié leur monnaie métallique. Une Confédération internationale devra donc également, pour simplifier les transactions commerciales entre les États, unifier ses monnaies, de même que la plupart des États ont adopté le système métrique comme unification des mesures de longueur, de capacité et de poids.

Nous n'avons pas besoin de faire l'éloge du système métrique: l'unification et la simplicité de calcul que procure le système décimal dans les transactions commerciales, à l'intérieur comme à l'extérieur, à l'importation comme à l'exportation. l'ont fait adopter par les États les plus réfractaires aux nouveautés. En prenant pour base les principes du système décimal, la Convention créa en France une monnaie d'or et d'argent, dont l'exemple ne fut malheureusement pas suivi avec autant de méthode que le système métrique et cinq États seulement, désignés sous le nom d'union latine en ont accepté les mêmes bases monétaires. ce sont : la France, la Belgique, la Suisse, l'Italie et la Grèce. D'autres États ont reconnu les avantages du système décimal, ont créé une monnaie métallique basée sur les mêmes principes, mais ont changé le titre des monnaies, afin d'en conserver l'usage, exclusivement en dedans de leurs frontières, ce sont : l'Argentine, l'Espagne, la Roumanie, la Bulgarie, le Vénézuéla, la république d'Haïti, la Bolivie, la Serbie. De même que la plupart des États ont adopté le système métrique à cause des avantages qu'il procure, de même tous les États seront conduits à uniformiser leurs monnaies pour faciliter leurs opérations commerciales. La livre sterling est par son usage, uniformément connue et répandue comme moyen d'échange, à cause du grand commerce anglais et des nombreux emprunts inscrits à la Bourse de Londres; malheureusement la livre sterling n'offre pas comme monnaie de compte les avantages d'une monnaie dont les multiples et les sous-multiples dérivent du système décimal.

Donc, si les États veulent développer leur exportation et leur importation en supprimant les confusions que peut produire l'emploi de monnaies de valeurs différentes, rendre accessible à tous les hommes un système monétaire pratique; *ils devront établir un système monétaire uniforme, basé sur l'étalon d'or, dont les principes auront été empruntés au système*

décimal. Le principe de l'unification des monnaies est formel, il est à la base des Confédérations suisses, anglaises, allemandes, américaines ou brésiliennes; il est le premier pas
dans l'unification d'une circulation fiduciaire internationale. Non seulement une entente monétaire internationale est nécessaire, mais les États
y seront conduits malgré eux, si le développement des transactions commerciales suit une
marche ascendante, en rapport de celle qui fut
suivie au XIX° siècle.

S'il était possible de régler les rapports dans
la production des métaux précieux, il serait
relativement assez facile d'établir un prix uniforme de ces métaux, de façon qu'ils conservent
entre eux, le même écart de valeur: l'on pourrait donc établir un système monétaire basé
sur le double étalon, mais la production de l'argent a été si abondante pendant le siècle dernier, le métal a subi une telle dépréciation, que
la monnaie blanche est devenue une monnaie
de confiance; la monnaie d'or conservera donc
seule sa valeur intrinsèque et servira de base
à un étalon unique qui est l'étalon d'or. Comme
nous venons de le dire, la monnaie d'argent,
qui est une monnaie de confiance, n'a donc

qu'un titre nominal, comme la monnaie de
billon ou la monnaie fiduciaire. Si les États
s'entendent entre eux et créent une monnaie
uniforme, il est indispensable et de première
urgence, pour éviter les fraudes qui résulteraient
d'un grand nombre de fabriques non contrôlées,
que l'uniformité de module soit exacte, que le
poids, le titre et le contrôle soient confiés à
un Hôtel des Monnaies unique, relevant seul du
contrôle international, c'est à dire de la Confédération.

Afin de rappeler constamment aux hommes
le régime sous lequel ils sont gouvernés, la
monnaie métallique devrait être frappée à l'effigie du chef des États confédérés du Monde,
afin de le glorifier et d'en perpétuer la mémoire.

ESSAI D'UNE CIRCULATION FIDUCIAIRE
INTERNATIONALE

Le développement des relations commerciales a enseigné aux hommes le degré de confiance qu'ils devaient avoir les uns envers les autres, suivant leur probité ou l'exactitude qu'ils apportaient à remplir les engagements qu'ils avaient contractés, leur adresse commerciale, les capitaux dont ils disposaient. On leur confiait plus ou moins de marchandises dont ils pouvaient bénéficier pendant un certain temps, sans avoir besoin de donner en échange des monnaies métalliques. Celui qui recevait la marchandise donnait un billet par lequel il reconnaissait devoir payer à une époque déterminée la valeur de la marchandise qui lui était confiée, et le vendeur, de son côté, pouvait disposer du billet pour acheter d'autres marchandises. Cette opération qui est le témoignage de la confiance que les hommes ont entre eux s'appelle le crédit.

Ces billets, qui représentaient des marchandises, circulèrent bientôt dans le commerce ou dans les banques comme une véritable monnaie. Séduits par la simplicité de ces opérations, et voyant la confiance que le public leur témoignait, les États, dont les besoins d'argent étaient pressants eurent l'idée de faire circuler des billets de confiance, ou de la monnaie fiduciaire, afin de subvenir à leur dépense budgétaire. Ils donnèrent en garantie de ces billets ce qu'ils possédaient, c'est-à-dire qu'au début, en France, ce furent de grandes compagnies commerciales qui servirent de gage, comme la Compagnie des Indes ou de la Louisiane. Le crédit d'État était créé. Voyant qu'il était si commode de se procurer des ressources, la faveur avec laquelle les billets étaient acceptés par le public, la simplicité des hommes qui croyaient avoir aboli l'usage des métaux précieux, l'État exagéra la valeur des compagnies, et l'on créa de nouveaux billets, l'on en créa tellement que les gages devinrent illusoires, que les billets se déprécièrent et perdirent leur valeur. Mais il est dit que les mêmes causes ramènent les mêmes effets, et que l'expérience des générations passées n'apporte aucune lumière à celles qui suivent. Soixante-dix ans après la faillite de Law, la France recommençait avec les biens nationaux la même opération qui, six ans plus tard, devait se terminer par la même catastrophe.

Le crédit est un bien. Les services qu'il a rendus en temps de paix, par l'usage du billet de banque ne sont plus à compter. Mais, si deux pays qui ont un grand crédit se déclarent la guerre et ne savent pas arrêter à temps les abus de la confiance qui leur est apportée, poursuivent les opérations militaires à coups de billets de banque, l'effet est désastreux. Nous n'en voulons prendre pour exemple que la Russie, l'Autriche, la Pologne, la Tchéco-Slavie, la Roumanie, la Bulgarie et l'Allemagne, dont le remède est à peu près impossible. Ces situations ont été enfantées par la douleur et ne peuvent être soignées que par la chirurgie.

Quand le mal n'est pas encore trop aggravé, l'on a recours à l'emprunt qui retire dans une certaine mesure le surcroît de la circulation fiduciaire, mais les États ont beau multiplier les emprunts et accorder à chacun une faveur toujours plus grande, l'on ne peut cependant emprunter à perpétuité, surtout si l'on ne sait pas modérer ses dépenses et arrêter à temps l'émission des billets. Par l'effet de la dépréciation des changes, les achats à l'étranger deviennent plus onéreux, la confiance s'use, les affaires se raréfient et l'État tombe dans la décadence.

A notre avis, le seul remède qui s'impose à la situation actuelle, est de ramener la circulation fiduciaire à sa situation primitive, c'est-à-dire de réduire la circulation fiduciaire et de la convertir en saine monnaie, en échangeant par exemple deux billets contre un, si la circulation d'un État a doublée sur sa circulation normale, ou cinq contre un si elle a quintuplé, ou dix contre un, suivant les abus et l'exagération que les États auront apportés dans leurs circulations, puis remettre en échange des billets qui n'auraient pas été remplacés un titre de rente dont l'intérêt ne dépasserait pas un, ou un et demi, ou deux pour cent d'intérêt annuel, suivant l'état plus ou moins misérable des finances. Ainsi un État, dont la circulation fiduciaire serait cinq fois plus élevée que sa circulation normale devrait, pour revenir au régime de la saine monnaie, réduire sa circulation des quatre cinquièmes, payer une rente annuelle de un, un et demi ou deux pour cent au maximum sur la réduction qu'il aura imposée. C'est ce que l'on appelle l'emprunt forcé.

La circulation fiduciaire des États étant devenue normale, les nouveaux billets pourront être échangés contre de l'or, le cours forcé disparaîtra et la monnaie métallique reprendra sa circulation normale; il ne manquera plus que de ramener la confiance du public en lui offrant des garanties nouvelles contre les exagérations du crédit des États, et surtout d'empêcher le retour d'une pareille débauche dans la circulation fiduciaire.

Quelles que soient les garanties qu'offrent les États en particulier, elles seront toujours momentanées et illusoires, tant que les États disposeront de l'émission de la monnaie fiduciaire. Si l'on veut sincèrement et efficacement éviter le retour de pareilles catastrophes, les États devront fonder, sous le contrôle du Parlement international, une banque d'émission internationale. Cette banque serait créée sur les principes internationaux, c'est-à-dire que le capital et le fonds de garantie seraient internationaux et formés par l'association ou plutôt par la fusion de toutes les banques d'émissions nationales, chaque banque participerait aux bénéfices des opérations, suivant l'importance de ses apports. Le contrôle de la fabrication des billets en serait assuré et garanti par la haute surveillance d'une Commission internationale. Le crédit étant ainsi concentré à sa juste valeur par la garantie mutuelle d'un stock d'or mondial, le nouveau billet deviendrait universel, car lui seul aurait sa véritable valeur intrinsèque. Les États ne pouvant plus émettre de billets, puisque ceux-ci seraient sans valeur, les guerres deviendraient impossibles.

ESSAI SUR LA RÉDUCTION DES DETTES PASSIVES

Il y a deux sortes de dettes d'État : les dettes actives et les dettes passives. Les dettes actives sont généralement contractées en temps de paix, dans le but d'apporter un bienfait d'utilité publique, d'améliorer l'outillage national, de créer des chemins de fer, des canaux, des ports, de boiser des montagnes, de faire des routes, d'élever des monuments publics, etc. Non seulement ces dettes représentent un service rendu d'utilité générale, mais l'État fait payer aux bénéficiaires une redevance sous forme d'impôts, de subsides ou de services rendus, pour assurer le paiement des intérêts de la dette contractée, ainsi que pour le remboursement de l'emprunt, aussi l'intérêt de ces dettes est-il généralement peu élevé. Quand elles sont contractées avec modération et discernement, suivant les besoins du public, elles peuvent, en général, être considérées comme un bienfait apporté à un État, à une province, à une ville.

Les dettes passives sont le contraire des dettes actives, elles ne représentent rien que du gaspillage et de tristes souvenirs; elles sont toutes contractées dans des périodes de disette, de calamité et de guerre, au moment où les États éprouvent le plus de difficulté à équilibrer leur budget. Les financiers auxquels ils s'adressent abusent de la situation malheureuse, pour demander de gros intérêts; ces dettes qui ne sont plus un soulagement, comme les précédentes, mais de terribles charges dont les intérêts pèsent sur la production et la consommation, et ne peuvent être amorties par le rendement des impôts; l'on en connaît même qui subsistent dans les États depuis plusieurs siècles, sans avoir pu être remboursées. Aussi sont-elles connues sous le nom de dettes perpétuelles.

Toute dette doit être amortissable. Il n'y a aucune raison, pour qu'une dette qui représente une disette, des calamités publiques, des victoires ou des défaites, ne puisse être amortie comme celles qui représentent des services publics; malheureusement, les financiers auxquels s'adressent les États, en période de guerre, sont d'une telle exigence qu'il devient impossible de satisfaire aux intérêts et à l'amortissement. La dette pèse donc comme une gangrène perpétuelle sur les générations successives.

La fortune privée d'un État est représentée, en temps normal, par plusieurs siècles de travail, d'économie et de privations. Est-il légitime que les derniers arrivés profitent des calamités générales pour que quelques années ou même quelques mois seulement suffisent pour édifier des fortunes fantasmagoriques, sans avoir fourni une somme d'efforts en rapport de leurs bénéfices? Est-il juste que des hommes jouissent d'une fortune acquise, après avoir vendu aux États des marchandises jusqu'à vingt fois leur valeur. Le public juge quelquefois de très haut ces sortes de crimes. Nous avons connu un homme qui, pendant la guerre de 1870 s'était tellement enrichi aux dépens de l'État, en vendant des bestiaux à l'armée, que ses concitoyens ne prononçaient jamais son nom sans, qu'en signe de mépris, il ne fut suivi du nom de l'ennemi. En effet, il y a des hommes qui se donnent le titre de patriotes, et qui dépouillent l'État avec autant de cynisme que les envahisseurs. Ils ont pour principe que voler l'État n'est pas voler. Beaucoup ont été conduits en Cours d'assises, mais ils sont tellement nombreux et si adroits à se dissimuler, que les États qui ont besoin d'eux sont obligés de les ménager. Ce sont les nouveaux seigneurs féodaux. Au lieu de prélever dix ou vingt pour cent sur la récolte du serf, les procédés se sont modernisés, ils sont plus occultes. Aujourd'hui, les nouveaux enrichis font établir par les États des impôts indirects pour le paiement de leurs arrérages usuraires. Ces impôts qui grèvent la production et la consommation ne sont qu'une nouvelle forme de l'esclavage.

C'est d'après des mêmes principes qu'il fut question, ces dernières années, dans une Commission de la Société des nations, de consolider et internationaliser les dettes de guerre. C'est un joli début pour une Société des nations qui demanderait le rétablissement de l'esclavage.

En toute justice, en toute humanité, les États doivent demander la révision des dettes de guerre. Quoi qu'il en soit, l'on ne saurait envisager de rétablir le visa, tel qu'il fut institué en 1721, ni la liquidation de la fortune mondiale ; ce serait donner une prime aux voleurs et rendre le scandale encore plus grand. Il faut distinguer les dettes actives des dettes fictives ; les unes sont tout, les autres rien. Les unes sont le bon grain, les autres l'ivraie, autrement dit, des dettes parasitaires qui absorbent le profit des hommes. Aussi ne peut-il y avoir de paix sociale, de paix internationale, pas de rétablissement entre les relations commerciales, entre les peuples, si la production n'est pas dégagée de ce formidable passif.

Les États ont contracté des dettes les uns envers les autres, sous forme d'alliances internationales ; une partie de ces dettes peut être annulée par des virements, d'autres doivent être diminuées par l'entente, et les dettes extérieures réglées sur le même pied d'égalité que les dettes intérieures. Donc, ce que des Commissions *internationales* ont eu la maladresse de créer, d'autres Commissions doivent avoir pour mission de réparer leurs erreurs ; ce sera un des premiers pas vers une Confédération internationale basée sur les principes de la justice et de l'équité. Ainsi donc, la Confédération devra amortir ses dettes fictives : 1° En réduisant l'intérêt des dettes qui ont été contractées à un intérêt ne dépassant pas un, un et demi ou deux pour cent au maximum, suivant l'état plus ou moins obéré des finances publiques, les nouveaux porteurs de rente ne s'en trouveront nullement lésés, puisque les salaires, les prix des denrées, le coût de la vie portés à une valeur fictive diminueront dans des proportions équivalentes: 2° L'amortissement de ces dettes étant impossible, puisque la rentrée des impôts sera insuffisante à assurer leur remboursement, l'on devra convertir les obligations en titres nominatifs et viagers, de telle sorte que ceux qui en sont possesseurs n'en aient la jouissance que leur vie durant.

Les titres ainsi convertis, l'amortissement de la dette se ferait progressivement et son extinction ne dépasserait guère plus de trente ans. Moïse avait institué une loi bien plus sévère, par laquelle les dettes étaient remises tous les sept ans.

Afin d'empêcher le retour de pareils abus et, en même temps, pour rétablir la confiance entre les porteurs, tout projet de nouvelles dettes extérieures devrait être soumis à l'approbation du Parlement confédéral.

ESSAI DE FINANCES INTERNATIONALES

Les Finances internationales devront être gérées sur le modèle des Finances des États confédérés, c'est-à-dire que la nature des services rendus étant internationale, les recettes et les dépenses, devront autant que possible, être internationales. Le budget de la Confédération sera donc tout à fait distinct de celui des États. Sa bonne administration, l'ordre, la probité et la sincérité dont elle saura s'honorer, devront en quelque sorte servir de modèle aux Finances des États.

Le budget confédéral sera composé d'un budget ordinaire, pour l'établissement de ses recettes et de ses dépenses normales, et d'un budget extraordinaire, pour l'établissement de ses dépenses imprévues. Le budget ainsi établi chaque année, sous le contrôle d'une Commission parlementaire. La comptabilité devra être simple, claire, de façon qu'elle soit à la vue de tous les citoyens du monde et qu'ils puissent suivre avec intérêt l'état des recettes et des dépenses. L'on aura soin d'éviter ce que l'on appelle les douzièmes provisoires, les emprunts à court terme, les comptes fictifs, les dettes flottantes, etc., etc. et en général, les expédients de toute nature qui font peut-être les qualités d'un bon ministre des Finances mais qui, invariablement, conduisent avec le temps les États à la ruine.

Les recettes devront être récupérées, autant que possible sur les services internationaux, c'est-à-dire sur les services assurés, garantis, gérés, administrés ou contrôlés par la Confédération. Telles sont la correspondance internationale, dont la Confédération aurait le produit de la vente des timbres, ainsi que la recette des télégrammes, des cablogrammes et de la télégraphie sans fil, ou des services téléphoniques internationaux. L'on pourrait y joindre les timbres fiscaux pour le recouvrement des valeurs et des mandats sur l'étranger; la recette par le recouvrement du produit des timbres internationaux serait, à notre avis, le meilleur moyen d'assurer la rentrée des subsides avec le moins de frais possible, surtout si la vente en est confiée aux receveurs des États. En cas d'insuffisance, certaines denrées de consommation universelle peuvent aussi servir à asseoir des impôts indirects ; tel est le sel, dont personne ne saurait se passer, ni non plus faire un trop grand usage ; mais cette denrée ne peut recevoir qu'un impôt modique. Quoi qu'il en soit, pour éviter les frais de perception, la recette, ainsi que le contrôle pourrait, comme nous l'avons dit pour le timbre, être confiée aux contrôleurs des États. Enfin, dans un but d'hygiène publique, la Confédération internationale se réserverait le monopole de la vente, à la pharmacie exclusivement, des produits toxiques devenus une calamité publique, tels que l'opium, la morphine, la cocaïne, etc.

Une Confédération ne possède rien en propre et ne peut lever à son gré des impôts sur les peuples. Dans les périodes déficitaires, pour parer aux dépenses imprévues d'un budget extraordinaire, la Confédération internationale devra avoir recours à un impôt général. Il est juste que si tout le monde tire profit de son administration, tout le monde doit participer aux dépenses, surtout si la somme est minime. A cet effet, il faudrait donc établir, un impôt général et uniforme sur tous les citoyens du monde; mais si modeste que soit cet impôt, il serait très difficile à récupérer surtout si les États confédérés ne prenaient pas l'engagement d'en remettre le montant au service confédéral. Il faut reconnaître aussi que ce genre d'impôt qui représente une certaine équité ne serait pas sans inconvénients, car il y a des États riches et des États pauvres. Généralement, dans les périodes normales, l'on reconnaît la richesse d'un pays à l'élévation de son budget, mais ce n'est pas une règle générale; donc, si nous prenons cette base, la Confédération pour équilibrer son budget dans les périodes déficitaires, pourrait prélever un subside, établi au prorata des dépenses annuelles de chaque État. Ce serait en quelque sorte, un impôt facile à percevoir sur le revenu des États.

Les dépenses employées pour le service des divers ministères devront comprendre les appointements du chef de la Confédération internationale, ceux des ministres, des parlementaires, l'entretien du territoire international, des palais, des ministères, des Chambres de délibération, de l'Hôtel des Monnaies, de la Banque internationale d'émission, les fabriques, des monopoles et des monuments divers destinés à recevoir les services publics internationaux, puis viendront les dépenses pour l'entretien de l'armée ainsi que celles pour la perception des Finances, etc., etc.

ESSAI DE COLONISATION INTERNATIONALE

Depuis l'invention de la boussole, les grandes découvertes qui l'ont suivie, les récits merveilleux des premiers navigateurs qui pénétrèrent dans les contrées lointaines, entraînèrent à leur suite une foule d'émigrants séduits par l'attrait de fortunes rapides, ou simplement pour le besoin de courir les aventures. Il se détermina peu à peu en Europe de vastes courants qui, d'abord concentrés aux pays d'origines des premiers navigateurs, s'étendirent simultanément à tous les pays d'Europe. Les peuples du Midi choisirent de préférence les terres chaudes, les peuples du Nord les pays tempérés ou les pays qui avaient le plus de ressemblance avec leur climat ou avec la production de leur métropole; chaque émigrant partait avec l'espoir de constituer ou de retrouver une patrie adoptive à peu près semblable à la sienne. C'est ainsi que les Espagnols après les découvertes de Colomb, choisirent de préférence les contrées de l'Amérique du Sud ou les terres lointaines des Philippines; c'est ainsi qu'à la suite de Vasco de Gama, qui cherchait par le Sud la route des Indes, les Portugais fondèrent sur les côtes de l'Afrique, et jusque dans les Indes, une suite presque ininterrompue de comptoirs; les Anglais à la suite de Cabot se dirigèrent vers l'Amérique du Nord ; les Français au Canada, en Louisiane, au Sénégal, en Guyane, à la suite des Dupleix, des Montcalm, des navigateurs dieppois, ou des Vincent Poinçon ; les Anglais s'établirent partout, mais leur empire colonial fut surtout favorisé par le traité de Paris en 1763; de nos jours, les Belges à la suite de Stanley fondèrent des comptoirs dans tout le bassin du Congo.

Comme nous venons de le démontrer, le courant d'émigration des peuples semble bien déterminé par des mouvements naturels; s'il s'agit de fonder une colonie d'exploitation ou de peuplement. les peuples choisissent de préférence le pays qui est le plus près de leur métropole ou les pays dont le climat et les productions ont le plus de rapport avec le sien. C'est ainsi que les Espagnols fondèrent dans l'Amérique chaude, de nouvelles Espagnes, les Portugais au Brésil un nouveau Portugal, les Anglais dans l'Amérique du Nord, en Australie et au Cap de Bonne-Espérance, de nouvelles Angleterres, la Russie en Sibérie une nouvelle Russie, la Hollande au Transvaal et à l'Orange une nouvelle Hollande, et qu'actuellement plusieurs États nouveaux seront à l'état de formation, quand la majorité des émigrants aura absorbé la population indigène. Telle est l'Espagne au Maroc, la France dans la même contrée, en Algérie, en Tunisie et dans tout l'Ouest africain et à Madagascar, l'Angleterre dans tout l'est de l'Afrique, l'Italie en Tripolitaine, la Belgique au Congo, etc...

L'on peut diviser l'histoire de la colonisation moderne en trois phases différentes : la conquête, la colonisation, l'émancipation.

Que les conquêtes coloniales soient brutales et sanguinaires comme à la suite des expéditions des Pizarre ou des Cortez au Pérou ou au Mexique, qu'elles soient pacifiques et humaines sous la douce influence de Livingstone dans les régions du Zambèze, ou des Brazza dans celles du Congo, la première condition qui s'impose après l'occupation des territoires, c'est de faire régner la paix parmi les indigènes, de détruire leurs mœurs barbares, d'y établir l'ordre et la justice afin de garantir la sécurité des nouveaux colons qui créent sur les côtes ou sur les fleuves, leurs premiers établissements agricoles ou leurs premières factories. Des villages se fondent, des villes s'établissent, l'instruction se développe peu à peu, les ports et les chemins de fer apportent leur activité au pays, l'éducation agricole ou mercantile des colons gagne les indigènes, le mouvement des exportations et des importations s'accentue, le bien-être gagne de proche en proche, les races se mélangent et il se forme toute une nouvelle population qui n'a plus que de lointaines ressemblances avec sa race d'origine : encore un peu et la métropole aura bien de la peine à reconnaître son enfant.

On a souvent comparé un pays colonisateur à une mère qui donne son sang à ses enfants et qui fait leur éducation. C'est très vrai et, on peut ajouter : l'on n'élève pas des enfants pour soi : quand ils sont grands, ils s'en vont, ils n'attendent quelquefois même pas d'avoir l'âge de raison tellement la soif de liberté est grande. La comparaison que nous venons de faire peut s'appliquer à l'histoire de l'indépendance des

États-Unis, à l'émancipation des républiques Sud américaines, au Brésil, à Saint-Domingue, à Cuba. Malgré les révolutions plus ou moins violentes qui sépareront ces États de leur mère-patrie, ils n'en conservent pas moins entre eux, par l'influence de leur langue, de leurs mœurs, des liens de parenté, une cordialité dans leurs relations commerciales, industrielles ou financières et même politiques, qui semble même plus solide, qu'aux temps où ils étaient tributaires de leur métropole.

Quoi qu'il en soit, l'Australie, la colonie du Cap, le Canada semblent actuellement avoir atteint par leur rapport avec leur métropole, le même degré de civilisation que les États-Unis avaient atteint en 1773. L'Angleterre instruite par l'expérience des guerres d'Amérique, fera tout son possible pour empêcher la sécession, et il est à présumer, qu'avec un peu d'adresse, surtout si l'Angleterre consent à accorder à ses colonies des droits d'égalité politique, à les faire participer à une étroite collaboration confédérale, il ne resterait aucune raison bien sérieuse de mécontentement, la sécession serait alors évitée.

Les révolutions, les secousses violentes, les guerres d'indépendance ont toujours amené

des ruines longues à réparer. Il vaut mieux prévenir que de guérir. C'est pendant la période
qui suit la conquête, c'est-à-dire pendant la
colonisation, que les États doivent s'employer
de leur mieux, à prévenir les ruptures toujours possibles qui peuvent se produire entre
les colonies et la métropole. Plus les fractions
qui composent l'empire colonial d'un État sont
dispersées et éloignées les unes des autres, plus
son administration est difficile et coûteuse, on
pourrait dire de même que plus les champs
qui composent le domaine d'une ferme sont mor-
celés, éloignés les uns des autres, plus l'exploitation de la ferme est onéreuse et offre de difficultés. Il faudrait donc, en bonne administration coloniale, comme en bonne administration
rurale, grouper, rassembler par l'échange les
fractions les plus éloignées, et concentrer les
intérêts coloniaux sur les points les plus rap-
prochés de la métropole. Prenons quelques
exemples : Comment se fait-il que trois États
se partagent les Guyanes, pendant qu'un seul
suffirait à administrer cette contrée? Pourquoi
la France possède-t-elle encore aux Indes anglaises, cinq villes qui ne sont prospères ni
les unes ni les autres, et l'Angleterre sur les

côtes de France, un groupe d'îles qui sont cependant des terres bien françaises. Ne pourrait-on rétablir l'équilibre par l'échange?

Autre exemple un peu plus difficile : l'Angleterre, depuis l'Egypte jusqu'au Cap, possède un vaste territoire ; l'Italie, le Portugal et la France y ont planté leurs drapeaux sur trois points différents : la France, depuis le golfe de Gabès jusqu'à l'embouchure du Congo en possède un autre qui est presque tout à l'intérieur du continent ; l'Espagne, le Portugal, l'Angleterre y sont venues au gré de leurs caprices y fonder des comptoirs et par la suite étendre leur territoire sur tous les pays environnants, de telle sorte que ces pays possèdent toutes les entrées du continent, et que la France, pour mettre en rapport son domaine colonial n'a pas sa liberté d'action. C'est ainsi que l'Angleterre possède l'embouchure du Niger et la France le haut du fleuve, il en est de même pour toutes les autres colonies qui forment un obstacle à la pénétration intérieure. Ne serait-il pas possible, par une distribution plus appropriée, de remédier à ces anomalies ? Voyons la solution du problème. La France et l'Italie possèdent sur la côte des Somalis deux vastes territoires désertiques dont il y a peu de profit à tirer pour l'une ou l'autre partie, mais cependant, ces territoires feraient l'affaire de l'Angleterre, puisqu'ils complèteraient son domaine de l'Est africain. Voilà suivant la logique, comment peut se régler la question : la France céderait à l'Italie une valeur équivalente aux territoires de l'Est africain abandonnés à l'Angleterre, (nous disons bien valeur équivalente et non superficie égale), la partie du territoire tunisien contigu à la Tripolitaine, territoire déjà convoité par l'Italie à cause du grand nombre de ses nationaux qui se sont établis dans cette contrée. L'Italie trouverait donc avantage à cet échange, puisqu'elle rapprochechait de chez elle son domaine colonial et en faciliterait l'exploitation. En échange de la valeur équivalente des territoires que la France aurait cédés à l'Italie et à l'Angleterre, la France recevrait de celles-ci un territoire de la côte occidentale d'Afrique. La question serait donc réglée au mieux des trois parties intéressées. Remarquez que la question pourrait être réglée d'une autre façon si l'Angleterre consentait dans cet échange à rendre l'île de Malte à l'Italie, mais pour ne pas embrouiller la question, nous aimons mieux la passer sous silence. En échange du Congo espagnol, de Saint-Thomas, du territoire d'El Oro, l'Espagne recevrait une compensation au Maroc ou sur la côte oranaise. L'Espagne pourrait donc se constituer, de l'autre côté du détroit, une nouvelle Espagne. Tant qu'aux colonies de Sierra-Léone, de la Côte d'Ivoire de la Gambie, du Niger et du Cameroun, elles pourraient, à notre avis, être échangées pour l'Indo-Chine, et nous ne croyons pas nous tromper en disant que la valeur serait à peu près équivalente. Nous n'avons pas l'intention de pousser plus loin notre démonstration. L'échange peut être pratiqué par n'importe quel État colonisateur, aussi bien dans le Pacifique qu'en Afrique. Nous avons simplement démontré les avantages qu'on pourrait retirer des territoires coloniaux, en les groupant près de la métropole, et en même temps, les bénéfices que pouvait en retirer l'humanité par une pénétration plus rapide de la civilisation.

Si nous avons insisté pour le rapprochement des colonies des métropoles, c'est que personne n'ignore que les États-Unis, grâce à l'émigration de l'Angleterre, de l'Irlande et des autres États de l'Europe, ont amené dans ce pays un développement beaucoup plus rapide que dans la lointaine Australie. Il en est de même pour le Mexique qui a reçu plus d'émigrants espagnols que la république Argentine pendant ces cinquante dernières années. L'Algérie et la Tunisie qui sont aux portes de la France se développent beaucoup plus rapidement que la Calédonie malgré son beau climat, ou que la Guyane malgré sa fertilité. L'Afrique au lieu d'être divisée en dix-huit colonies, exploitées par six nations différentes ne serait plus divisée qu'en six colonies dont l'exploitation serait facilitée par le groupement.

Les colonies ainsi rapprochées de leur métropole seraient administrées suivant les principes qui sont propres à chaque pays colonisateur, c'est-à-dire, que l'Angleterre, l'Espagne, l'Italie, la Belgique, le Portugal, la France, emploieraient les mêmes procédés de colonisation qu'elles ont employés jusqu'à ce jour. Le système administratif resterait sensiblement le même, toutefois l'ordre devrait être assuré par l'armée internationale, ainsi qu'il a été établi pour les autres contrées. Les droits d'entrée ou de sortie disparaîtraient, la monnaie métallique ou fiduciaire serait la même que pour les autres États, ainsi que les lois d'ordre et d'intérêt général issues du Parlement confédéral. Toutefois l'administration politique de ces contrées devrait se développer au fur et à mesure que s'étendrait la civilisation, que les indigènes prendraient contact avec les Européens. Les États colonisateurs accorderaient donc aux indigènes des droits politiques en rapport avec leurs aptitudes à administrer leurs territoires ; c'est ainsi, que rendus à un certain degré de civilisation, ils pourraient faire partie et même présider un conseil municipal, et dans la suite un conseil général. Mais en attendant que leur éducation politique soit complètement accomplie, ils seraient représentés au Parlement confédéral par des députés métropolitains, élus au même titre que les députés des États, et suivant le nombre d'indigènes que les pays colonisateurs tiendraient en tutelle.

CONCLUSION

Depuis Sully, qui le premier eut l'idée de
poser les principes d'une Entente pour la paix
entre les peuples de l'Europe, de nombreux
projets ont été proposés; aucun, jusqu'à ce
jour, n'eut la faveur d'être agréé par les chefs
d'États européens. Cependant, après la longue
période de désolation, la fatigue et les maux
sans nom que semèrent en Europe les guerres
de l'Empire, en 1815, sur la proposition de
Mme de Krudner, l'empereur de Russie,
Alexandre Iᵉʳ, exposait aux États de l'Europe
affaiblie un projet connu sous le nom de la
Sainte-Alliance, dont les principes étaient
empruntés au christianisme et qui devaient
sauvegarder la paix entre les États européens.
La Sainte-Alliance eut un commencement
d'exécution et dura dix années environ. Nous
regrettons de ne pouvoir en faire ici la cri-

tique, nous n'avons jamais eu le projet de Mme de Krudner entre les mains, ce que nous savons, c'est que la paix subsista en Europe tant que l'Entente put se maintenir. Malheureusement, cette Entente étant sous le contrôle de la diplomatie secrète, une ligue générale des États d'Europe n'était pas une confédération. Du reste les États disposant en propre des mêmes armes qui avaient servi leurs discordes pendant vingt-cinq ans retournèrent fatalement à leurs principes. Le Saint-Simonisme qui, à cette époque, répandait ses théories communistes inquiétait les gouvernements. Sur l'initiative du premier ministre d'Autriche, Metternich, il fut décidé que la Sainte-Alliance ne servirait plus qu'à protéger le trône des rois. C'était tout dire, la Sainte-Alliance avait vécu. Une fois de plus, la société allait demander secours au despotisme.

Nous ne reprochons à cette institution que de n'avoir pas assis ses préceptes sur les principes politiques de la raison pure, c'est-à-dire, de ne pas avoir constitué un Parlement interparlementaire s'occupant essentiellement des intérêts généraux des États, et d'en exclure soigneusement les luttes intestines qui fermentent à l'état latent entre les parties extrêmes de tous les peuples. Le Parlement ainsi constitué, l'armée interalliée se serait fondée avec les éléments de toutes les armées de l'Europe. L'unification de la monnaie métallique et fiduciaire aurait suivi, les colonies seraient devenues communes à tous les peuples d'Europe, les droits de douane auraient sans doute disparu avec le développement de la circulation, les États-Unis d'Europe auraient été fondés pour servir de prélude aux États-Unis du Monde.

Il n'est donc pas étonnant que ces essais timides n'aient pas donné les résultats qu'en attendaient les promoteurs. Le droit des peuples à disposer d'eux-mêmes avait été écarté. Impunément, l'on avait annexé la Belgique à la Hollande, la Norvège à la Suède, le partage de la Pologne entre la Russie, l'Autriche et la Prusse avait été maintenu, la puissante Autriche restait une agglomération de peuples, l'unification de l'Italie était à faire. La Sainte-Alliance s'abritait derrière de grands mots et de grands principes, mais foulait aux pieds tous les droits de l'humanité. Sa vie était donc éphémère, comme le sont toutes les alliances qui relèvent de la diplomatie secrète.

Depuis la Sainte-Alliance, malgré la bonne volonté de certains hommes d'État, malgré la prodigalité de quelques philanthropes, l'on peut dire que toutes les tentatives de paix universelle qui ont été entreprises depuis cette époque ont été nulles ou à peu près. Tous ces louables efforts, trop clairsemés hélas, n'ont été profitables qu'aux membres des Commissions qu'elles ont fait éclore. Les membres de ces Commissions, dans une indolence toute asiatique, y ont trouvé honneurs et profits; le peuple à qui l'on a répété tant de fois que la paix universelle était impossible s'est résigné : les livres, les articles de journaux qui ont rapport à l'union des peuples, il ne les lit pas, les conférences, il n'y assiste pas. L'on croirait que ce n'est pas lui qui paie les frais de la guerre. Ainsi quand M. Wilson présenta son projet de Société des Nations à M. Clemenceau, celui-ci répondit : « Votre projet n'intéresse personne. »

Nous sommes cependant convaincus que, malgré toutes les entraves diplomatiques apportées à la paix du monde, malgré toutes les complications nouvelles qui s'accumulent journellement dans la vie politique et sociale des peuples, *la paix perpétuelle* règnera un jour sur le monde. Nous entendons cependant dire tous les jours autour de nous : « Il y a toujours eu des guerres, il y en aura toujours. » Nous ferons remarquer que les hommes en ont dit autant de l'esclavage, né sans doute avec les premiers hommes, avec les premières guerres. Tous les grands philosophes de l'antiquité croyaient à l'esclavage perpétuel. Il fallut attendre le XIXᵉ siècle pour en secouer le joug. Mais malgré cela, l'esclavage subsistait encore il y a à peine un demi-siècle aux États-Unis, en Russie, au Japon, au Brésil, en Turquie, dans toute l'Afrique et dans la plupart des pays d'Asie. Aujourd'hui, l'esclavage n'existe plus et personne n'oserait parler de le rétablir sans paraître odieux à son semblable. N'est-ce pas par une entente entre les peuples que fut réprimée et que disparut la piraterie des mers qui dévastait tous les océans?

C'est avec intention que nous n'avons pas ajouté à notre projet un ministère du Travail; nous aurions été heureux de le faire. Mais nous croyons que la Confédération internationale devra s'en tenir encore longtemps au Bureau de Genève, ou plutôt, ce qui serait mieux, à une Académie du Travail, représentée par autant de patrons que d'ouvriers et qui, d'un commun accord, chercherait sans arrière-pensée, sans esprit de jalousie ou de mépris, un accord favorable aux parties intéressées qui en définitive ne font qu'un, puisqu'ils ne peuvent subsister l'un sans l'autre. Toutes ces luttes stériles se résument en deux mots, pour employer l'expression du jour : « Vivre sa vie suivant les exigences et les besoins de la civilisation moderne. » Or, c'est entre les parties intéressées que les différends doivent être débattus et si, dans une telle circonstance, nous nous permettons de donner notre avis, c'est que nous croyons que la solution entre les patrons et les ouvriers sera résolue quand on aura déterminé d'une façon définitive la part du capital, celle du chef d'industrie et celle du travail, de telle sorte que les intérêts de la main-d'œuvre soient liés avec ceux du patron. Ce qui pourrait s'obtenir sous la forme d'association en participation, de telle sorte que les intérêts des ouvriers soient en rapport du temps et des services qu'ils auraient rendus à l'œuvre à laquelle ils auraient contribué.

Ainsi que nous venons de le dire, toutes les querelles économiques du monde du travail n'intéressent que les patrons et les ouvriers;

c'est entre eux que les différends doivent être tranchés. La politique, l'administration des États n'a rien à voir dans cette affaire.

Si les États avaient su, comme au Moyen-âge, maintenir les corporations au lieu de les dissoudre sous prétexte de créer du nouveau, le collectivisme dont souffre la société n'existerait pas et la fraternité unirait les patrons et ouvriers, comme elle régnait à cette époque entre maîtres et compagnons; c'est que l'État n'intervenait que rarement dans leurs débats. Les puissantes corporations dont ils faisaient partie étaient absolument fermées. Il devait bien exister quelques différends entre eux, car il est difficile d'être maître et d'être toujours juste, il est difficile d'être ouvrier et d'être toujours content de son sort; les Conseils des maîtres et des ouvriers se chargeaient de trancher les différends au mieux des parties intéressées. Les corporations ne semblaient pas si malheureuses que cela, par rapport au degré de civilisation dont elles disposaient à cette époque, surtout si l'on juge leur situation par les merveilleux monuments de Bruxelles, Louvain, Anvers, Bruges, Ypres, Gand, Oudenarde, qui furent élevés sur leurs caisses communes.

Les états modernes, dans le but de cimenter les ententes entre patrons et ouvriers, ont forgé un grand nombre de lois qui ont eu un résultat opposé à celui qu'ils cherchaient, c'est-à-dire qu'ils ont froissé les uns et les autres, et que les liens d'amitié qui les unissaient se sont dissous.

L'internationale du travail signifie actuellement détruire une classe au profit d'une autre classe, qui n'est ni meilleure, ni plus intelligente, mais qui est moins instruite. Par conséquent, le reste du monde ne peut que perdre à son contact. Le communisme qui devait nous sauver de tous les maux par la formule : « Ce qui est à moi est à toi, » et réciproquement, n'a donné aucun effet; au contraire, l'expérience poussée en Russie sur une vaste échelle, dans un pays agricole qui vivait déjà sous le régime du mire, c'est-à-dire avec une certaine disposition au collectivisme, n'a donné que des résultats décevants. Et cependant, les communistes ne peuvent accuser leurs chefs de trahison, ce qui est généralement très rare; à chaque fois que l'on a vu des hommes venir au pouvoir, c'était presque toujours pour bénéficier des profits personnels que leur procurait leur situation;

c'était donc des hommes résolus et convaincus. malgré cela, ce malheureux pays succombe dans la plus affreuse misère que peut concevoir un peuple. L'effondrement des principes communistes était certain; chaque fois que l'on a voulu aller contre les principes naturels de l'homme, la société était vouée à un échec et, malgré tous ces avertissements, malgré tous ces résultats, il y a encore dans les réunions ouvrières de nombreux partisans communistes, dont le rêve est d'imposer ce néfaste régime au monde entier.

Tant que dans des réunions on parlera de violences, nous écarterons systématiquement leurs méthodes. La lutte des peuples à peuples, la lutte d'une classe contre une autre classe ne rentre pas dans nos principes; nous n'avons voulu envisager que la lutte contre la misère générale, et elle ne peut se résoudre que par une entente de tous les peuples. de toutes les classes, par une collaboration commune qui ne peut s'obtenir que par le travail, l'abondance et la paix. La guerre, qu'elle soit extérieure ou intérieure est toujours le désordre; l'on ne fait pas la guerre pour avoir la paix; nous l'avons démontré au cours de cet ouvrage. Que serait-ce alors, si l'œuvre de sang devenait internationale?

Si, après les atrocités d'une guerre mondiale qui a duré cinq années, les peuples ne trouvent pas un chemin d'entente pour empêcher le retour d'une pareille barbarie, c'est que les sentiments du devoir envers le prochain, sentiments qui ont été enseignés par la morale divine, auront complètement disparu de la mémoire des hommes. Il y a eu 15 millions de tués, environ autant d'amputés, un nombre incalculable de morts de maladies, de privations de toutes sortes; les suites de la guerre ont déchaîné dans l'Europe Orientale une révolution qui a fait à elle seule autant de victimes que la guerre; tous ces chiffres donnent le vertige d'une vision infernale, dont les souffrances, au lieu de s'atténuer, ne feront que croître, dans les guerres de l'avenir, puisqu'elles sont le résultat du progrès scientifique.

Toutes ces souffrances, dont nous sommes les victimes, sont les résultats d'une époque sans morale, car nous l'avons dit au cours de cet ouvrage, et le fond de la thèse que nous avons développée n'a pas d'autre but d'enseignement : « *Plus le progrès scientifique ira en se développant, plus il sera nécessaire que le progrès moral des peuples s'élève.* » Ce qui nous faisait dire encore : « ***Plus un peuple est avancé en civilisation, moins il lui faut la guerre.*** » Car, si vous disposez de la science du bien et du mal, vos effets seront d'autant plus grands dans l'un ou l'autre sens que vous aurez perfectionné, et que vous vous serez servi de l'un ou de l'autre. Nous avons dit : « plus il est nécessaire que le niveau moral s'élève », mais nous ne croyons pas exagérer en disant que le progrès moral devrait surpasser le progrès scientifique, de façon à maintenir toujours celui-ci au service du bien. Nous ne ferons du reste que répéter ce que prédisait Emile Littré dans un article publié dans la Philosophie positive, septembre et octobre 1871-1872. Du moment que l'élément moral de la civilisation ne se développe pas à l'égal de l'élément scientifique, la guerre ne peut manquer de prendre extension et intensité, car la puissance de détruire devient plus énergique et plus systématique.)

La bonté, la sensibilité, la charité, l'humanité, sont l'apanage d'une bonne nature, mais ce sont pas suffisant; il ne peut y avoir de bonheur entre les hommes, pas d'entente entre eux, pas de paix sociale intérieure ou extérieure, par conséquent, pas de progrès matériels ou moraux, sans l'application des lois du Décalogue; c'est la loi qui fut donnée pour le bonheur de tous les hommes, et c'est toujours celle de toutes les consciences qui vivent dans la Lumière, la Justice, la Paix et la Vérité.

APPENDICE

APPENDICE

ESSAI SUR LA DESTRUCTION DES ANIMAUX NUISIBLES

Si, au cours de cet ouvrage, nous avons traité les grandes questions politiques internationales, dans les deux chapitres qui vont suivre, nous avons essayé dans le même domaine, d'en résoudre de moindre importance, et malgré cela, nous espérons qu'elles seront favorablement accueillies par tous ceux qui ont souci de la civilisation et du bonheur des hommes.

Il est écrit dans la Genèse : (Chap. I, versets XXIX et XXX. Dieu dit encore : Je vous ai donné toutes les herbes qui portent leur graine sur la terre, et tous les arbres qui renferment en eux-mêmes leur semence, chacun selon son espèce, afin qu'ils vous servent de nourriture,

et à tous les animaux de la terre, à tous les
oiseaux du ciel, à tout ce qui se meut sur la
terre et qui est vivant et animé, afin qu'ils
aient de quoi se nourrir. Et cela se fit ainsi.)
L'homme est donc le roi de la création, et il est
de son droit et de son devoir de disposer et
d'améliorer, suivant ses besoins, tous les êtres
utiles qui font partie de son domaine, et de détruire tous ceux qui lui sont nuisibles. Si
l'homme, par son intelligence, a su tirer parti de
certains animaux qu'il a domestiqués, ou de certains autres qui vivent en liberté, en revanche,
il y en a un grand nombre qui vivent aux dépens
de son travail, ou simplement au détriment de
ses auxiliaires domestiques ou sauvages; tels
sont les rats, les souris et une foule de petits
rongeurs qui mangent des graminées, des tuber-
cules, des racines, des fruits et en général tout
ce qui leur tombe sous la dent; tels sont les
renards et toute cette famille fluette qui se nour-
rit aux dépens des basses-cours; tels sont les
gros animaux, comme les loups, les lions, les
tigres qui vivent de bétail et quelquefois des
hommes; les oiseaux de proie de gibiers à
plumes ou à poils; les serpents venimeux ou
les insectes malfaisants qui détruisent sans

cesse ce que la nature et le travail de l'homme s'efforcent constamment de reconstruire.

Les dégâts occasionnés par tous ces animaux sont considérables. Si, pour donner un exemple, l'on s'en rapporte à la quantité de graminées et de denrées de toutes sortes qu'il faut pour nourrir un rat toute une année, un naturaliste que nous connaissions nous disait qu'avec la nourriture que consomment deux de ces animaux, l'on pourrait élever un poulet; que l'on songe à la quantité de volailles ou de gibier qu'absorbe un renard ou un oiseau de proie, multipliez toutes ces quantités par des milliards d'animaux de toute espèce, plus nuisibles les uns que les autres, combien cela représente-t-il de travaux stériles: l'on ne compte plus les fléaux occasionnés par ces animaux, puisque la plupart des pays civilisés ont été conduits à voter des lois pour leur destruction. Aux Indes anglaises, 25.000 hommes meurent annuellement de la morsure des cobras, depuis que l'on a eu la malheureuse idée d'introduire des lapins en Australie, la multiplication de ces animaux est devenue un véritable fléau; les nuées de sauterelles détruisent périodiquement les campagnes des colons algériens; les fourmis-manioes sont la plaie de l'Amérique chaude ; l'on nous a affirmé que, dans certains villages des Pyrénées, les paysans étaient obligés de garder la nuit, leurs champs de pommes de terre, pour les empêcher d'être mangées par les sangliers.

Il est incontestable que les lois d'encouragement pour la destruction des animaux nuisibles, ont donné de très bons résultats dans certaines contrées. C'est ainsi qu'ont disparu les loups en Angleterre, les serpents en Irlande, et les lions dans le nord de l'Algérie et de la Tunisie. Mais malgré tous ces encouragements, les résultats sont encore faibles en face de ceux qui restent à accomplir ; d'abord, les primes ne semblent pas assez élevées pour tenter les chasseurs. Ensuite, l'industrie des pièges, des produits destructeurs ne sont pas encouragés pour stimuler les inventeurs ; ces pièges ou ces produits ne sont pas efficaces ou, quand ils le sont, ils détruisent indifféremment les espèces utiles et les espèces nuisibles. De plus, il n'existe aucune convention internationale pour la destruction ou la protection des animaux migrateurs.

En conséquence, nous croyons que pour mener à bien une œuvre aussi considérable, l'humanité doit s'assurer le concours de toutes les bonnes volontés, à n'importe quel pays qu'elles appartiennent. Aussi nous serions heureux de voir se constituer sous les auspices de la Confédération internationale, une académie pour la destruction des animaux nuisibles et la protection des animaux utiles, chargée de rechercher les moyens les plus pratiques pour la destruction des espèces malfaisantes, d'aider les savants dans leurs recherches, de concentrer les résultats obtenus, d'encourager les inventeurs en les faisant participer à des expositions périodiques, de distribuer des primes assez élevées pour stimuler le zèle des exposants, de vulgariser par des revues spéciales les procédés les plus pratiques et de les répandre dans le public et les sociétés d'agriculture. L'on arriverait de cette sorte, sans grands frais, à constituer une académie d'intérêt international, dont les bienfaits viendraient seconder les efforts de l'Académie d'Agriculture de Rome, ainsi que ceux de l'Académie de Médecine internationale de Genève, puisque certains animaux sont reconnus propagateurs de maladies contagieuses.

ESSAI
SUR LA RÉPRESSION DES MŒURS BARBARES

C'est par de bons enseignements que l'on moralise les peuples, c'est par de bonnes lois que l'on perfectionne les mœurs. Depuis les époques les plus reculées, les hommes ont cherché leur plaisir dans les jeux cruels. Tantôt ils faisaient battre les hommes entre eux pour se rappeler les scènes de bataille dont ils avaient été témoins et entretenir leur esprit dans la gloire des combats. Tantôt ils faisaient battre des hommes contre des animaux féroces pour se donner les émotions sanguinaires des grandes chasses, ou d'autres fois, par simple esprit de cruauté, ils donnaient des hommes à dévorer aux bêtes féroces. Tous ces jeux cruels faits pour l'amusement du peuple, n'étaient que l'expression des sentiments barbares des Romains et montrent le contraste qui existait alors entre une population cultivée par les lettres et les arts et une population dont les mœurs demi-sauvages n'avaient pas été adoucies par de bons enseignements ou une morale supérieure.

Malgré le perfectionnement apporté dans les mœurs, la douceur des principes du christianisme qui ont été introduits dans les masses, les jeux cruels ont encore subsisté jusqu'à nous. C'est ainsi qu'en Espagne, au Portugal, dans le Midi de la France et dans certaines contrées de l'Amérique espagnole, subsistent encore des courses de taureaux, avec mise à mort de ces animaux ; c'est ainsi que dans ces mêmes pays, et dans bien d'autres encore, le peuple aime à donner en spectacle des combats de coqs. Poussés par l'attrait des sports que les mœurs anglo-saxonnes ont répandus un peu partout sur le monde, les matchs de boxe tendent à pénétrer de plus en plus dans les mœurs mondiales ; il n'est jusqu'à certaines scènes de théâtre ou cinématographiques qui, sans faire positivement l'apologie du crime, n'en restent pas moins des spectacles de meurtre dont aime à se repaître la grossièreté maladive de certaines intelligences. Tous ces spectacles, cruels et immoraux, sont un reste des mœurs barbares que

nous ont laissées les anciens et qui, actuellement, prennent des développements qui gran-
dissent à mesure que le niveau de la moralité
s'abaisse. Ces sentiments, qui dénotent un
manque de goût de la part des assistants, font
naître dans l'esp t de l'homme la cruauté qui
a bien plus besoin d'être réprimée qu'encoura-
gée.

Malheureusement, tous les enseignements
des moralistes sont restés sans effet. La cruauté
est innée dans le cœur de certains hommes et
si la justice reste impuissante en face de la cri-
minalité toujours croissante, c'est que les gouvernements ne font aucun effort pour extirper
le mal. C'est cependant par la douceur des
mœurs que les hommes deviendront meilleurs,
c'est en leur donnant des spectacles moraux
que les esprits s'élèveront vers la perfection et
le bonheur.

Le duel, qui n'a jamais montré la justice ni
la vérité d'une cause, est encore une forme de
la barbarie que nous ont léguée les siècles passés. Il est accepté dans certains pays, et en
Allemagne en particulier, comme une marque
de bravoure pour entretenir l'esprit guerrier
dans les populations; plus les cicatrices sont

nombreuses et apparentes, plus elles procurent d'honneur à ceux qui les portent. Nous ne saurions trop nous élever contre ces coutumes, surtout quand il y a mort d'homme. Dans le duel, le dernier mot est toujours au plus adroit : ce n'est pas parce que des témoins assureront que le combat s'est déroulé dans toutes les formes de la loyauté, s'il y a mort d'homme et si le meurtrier n'est pas poursuivi par la justice, cela prouve que dans certains pays l'on peut commettre un assassinat à l'abri des lois.

Si les gouvernements, par faiblesse ou par routine, n'osent pas intervenir pour réprimer ces scandales et détruire à jamais des mœurs dont devrait rougir notre civilisation avancée, alors, c'est à une entente internationale qu'il faut avoir recours, comme l'on fit pour la répression de l'esclavage et la piraterie des mers, ou plutôt à une loi de répression issue du Parlement confédéral.

TABLE DES MATIÈRES

Préface   v

PREMIÈRE PARTIE

La guerre, ses causes, ses prétextes, ses consé-
quences   1
De la diplomatie   22
Du progrès mécanique, du progrès organisation .   38

DEUXIÈME PARTIE

La loi de Moïse   51
Essai d'une Constitution internationale   72
— d'une Armée internationale   89
— sur le libre échange international . . .   105
— d'une monnaie d'or et d'argent internationale   116
— d'une circulation fiduciaire internationale .   123
— sur la réduction des dettes passives . . .   120

Essai de Finances internationales, ...   135

— de colonisation internationale.   140

Conclusion, ...   151

APPENDICE

Essai sur la destruction des animaux nuisibles.   165

— sur la répression des mœurs barbares. .   170

Table des Matières   175

IMPRIMERIE CENTRALE DE L'OUEST. — LA ROCHE-SUR-YON.

Essai de Finances internationales.   135
    — de colonisation internationale.   140

Conclusion.   151

APPENDICE

Essai sur la destruction des animaux nuisibles.   166
    — sur la répression des mœurs barbares. .   170

Table des Matières   175

IMPRIMERIE CENTRALE DE L'OUEST. — LA ROCHE-SUR-YON.